SILKE KLUTH

Rosen pflegen

Über 250 Farbfotos von Jutta Schneider/Michael Will und anderen bekannten Gartenfotografen
Illustrationen von Heidi Janiček

1 Planung 6

2 Gartenpraxis 30

3 Porträts 102

1

Planung

Die Welt der Rosen

Keine andere Pflanze hat im Lauf ihrer Gartengeschichte so viel Interesse auf sich ziehen können wie die Rose. Immer wieder vermag sie uns zu begeistern, und fast niemand möchte auf die edle Blütenschönheit verzichten. Das muss man auch nicht: Sie ist so vielseitig, dass sie fast überall einen Platz findet.

In einer Sache sind sich die Pflanzenfreunde rund um den Globus einig: Ein Garten ohne Rose ist eigentlich kein Garten. Seit Jahrtausenden ist sie der absolute Dauerbrenner unter den Blumen. Ein Ende ihrer Popularität ist – sämtlichen Modeströmungen zum Trotz – nicht abzusehen. Im Gegenteil. Doch all dies hat natürlich auch seine Gründe.

Das gewisse Etwas

Was Dichter, Denker und Gärtner stets aufs Neue verzaubert, ist zum einen die offensichtliche Schönheit der Rose. Ihre edlen Knospen und die einfachen bis dicht gefüllten Blüten sind so ausdrucksstark, dass sie ein dankbares Motiv für Poesie, Malerei und Ornamentik abgeben. Zum anderen strahlt sie etwas Geheimnisvolles aus, dem sich kaum jemand entziehen kann. Sehr wahrscheinlich steht die Rose deshalb als Symbol für so Vieles, oft auch Gegensätzliches: für die Liebe ebenso wie für die Vergänglichkeit, für Begierde und Unschuld und, wenn eine rote und eine weiße Blüte zusammenkommen, für Feuer und Wasser.
Das größte Erfolgsrezept der Rose ist jedoch ihre unerschöpfliche Vielseitigkeit. Es gibt brave Zwerge und wilde Kletterkünstler, charmante Naturburschen und gerüschte Romantiker, alten Adel und moderne Multitalente. So findet sich garantiert für jeden Geschmack und für jeden Garten das Passende.

Ein Rosen-Knigge

Die Rose mag geheimnisvoll wirken. Kein Geheimnis ist jedoch, wie man sie dazu bringt, gesund zu bleiben und üppig zu blühen. Denn wer die Königin der Blumen zu nehmen weiß, der wird lange seine Freude an ihr haben. Dieses Buch – betrachten Sie es als eine Art Rosen-Knigge – soll Ihnen helfen, die Vorlieben und Bedürfnisse der Blütenschönheit Schritt für Schritt kennen zu lernen. Wenn Sie mit Ihrer Rose den richtigen Umgang pflegen, wird sie es Ihnen reich belohnen.

Ob als Beetschmuck, als Hochstämmchen oder als romantischer Bogen – Rosen verleihen jedem Garten einen gewissen Zauber.

Alter Blumenadel mit viel Geschichte

Die sagenumwobene Geschichte der Rose ist eng mit der Geschichte unserer Kultur verknüpft. Dabei zeigt sich wieder einmal, dass die besten Ergebnisse dann erzielt werden, wenn alle etwas dazu beisteuern.

Über die Vergangenheit der Rose gibt es so vieles zu erzählen, dass man damit ganze Bücher füllt. Das vorliegende ist zwar in erster Linie der Praxis gewidmet, dennoch darf hier eine kurze Übersicht über die wichtigsten Stationen dieser heiß geliebten Blume nicht fehlen. Schließlich sind ihre Herkunft ebenso wie ihre wechselvolle Geschichte die Gründe dafür, warum sie heute so vielseitig erscheint. Dabei eröffnen sich zwei Handlungsstränge: Der eine verläuft zunächst im Abendland sowie im Vorderen Orient, der andere in Ostasien. Erst im 18. Jahrhundert sollten die beiden aufeinander treffen.

In Mitteleuropa kultivierte man Rosen zuerst in Klostergärten – wie hier in Mottisfont Abbey.

Wie alles begann

Rosen gibt es schon seit Menschengedenken. Wildarten waren von Japan über China und Europa bis nach Nordamerika verbreitet – allerdings nur auf der Nordhalbkugel. Ohne menschliches Zutun konnten die Rosen den Äquator nicht überqueren.

Die Entwicklung in der westlichen Welt

Die älteste gesicherte Darstellung einer Rose ist um die 3500 Jahre alt. Sie findet sich auf dem »Fresko mit dem blauen Vogel« im Palast von Knossos auf der Insel Kreta. Aller Wahrscheinlichkeit nach handelt es sich dabei um eine Form der Gallica-Rose.
Auch die Alba-Rose gehört zu den Stammmüttern unserer heutigen Arten. Von Südrussland wanderte sie über Griechenland nach Rom. Die alten Römer sind bis heute für ihre Exzesse bekannt. So verwundert es nicht, dass sie bei Festen buchstäblich Rosen regnen ließen. Dabei kamen Anfang des 3. Jahrhunderts zum Vergnügen des Kaisers Heliogabal sogar einige trunkene Gäste zum Tod durch Ersticken. Um an solche Mengen von Rosenblüten zu kommen, entwickelten die Römer sogar eine Art Gewächshaustechnik zum Antreiben der Knospen. Außerdem importierten sie Rosen

*Die Apothekerrose (*Rosa gallica *'Officinalis') wurde lange Zeit vor allem als Heilpflanze angebaut.*

aus Ägypten. Dort kultivierte man die duftenden Damaszener-Rosen, die mit den Kreuzrittern später nach Mitteleuropa kamen. Die frühen Christen waren von solcher Dekadenz nicht angetan und konnten dementsprechend den Rosen zunächst nichts abgewinnen. Karl der Große musste ihren Anbau im Jahr 794 schlichtweg per Gesetz verordnen.
Im Lauf der Jahrhunderte widmeten die Christen die Bedeutung der Rosen einfach um: Sie wurde die Blume der Gottesmutter, und noch heute betet man den Rosenkranz.

Neue Impulse aus China

Auch wenn sie nicht das hohe Ansehen der Chrysanthemen, Kamelien und Pfingstrosen genossen, waren Rosen in China schon seit Anbeginn der dortigen Gartenkultur vor etwa 2700 Jahren bekannt. Zwischen 1750 und 1824 fanden vier Exemplare aus Fernost ihren Weg nach Europa: zwei Chinarosen und zwei Teerosen.
Das sollte die Rosenwelt für immer verändern. Die westlichen Arten blühten nur einmal in Weiß oder Rosa. Sie dufteten stärker und waren frosthärter als ihre chinesischen Verwandten, hatten aber nur schwächliches Laub. Die Neuzugänge aus Fernost trugen neben weißen, rosa- und purpurfarbenen auch noch gelbliche und rote Blüten und zudem ein festes, glänzendes Blatt. Ihr Trumpf jedoch war: Sie blühten nicht nur einmal, sondern öfter über die Saison!

Moderne Zeiten

Man kann sich leicht vorstellen, was das Zusammentreffen der beiden Rosengruppen auslöste: Man kreuzte alles mit jedem, um Frosthärte und Öfterblütigkeit sowie neue Blütenfarben und -formen zu erhalten. Zunächst fehlte noch ein kräftiges, stabiles Gelb, denn die hellen Töne der Tee-Rosen neigten zum Verblassen – mit der Einkreuzung der Gelben Rose (*Rosa foetida*) war auch dieses Problem gelöst. Das Ergebnis waren die so genannten Modernen Rosen, wie wir sie heute kennen.

Aktuelle Rosenzüchtung

Auch heutzutage sind die Züchter nicht arbeitslos. Alte Rosen stehen hoch im Kurs. Der Engländer David Austin kommt diesem Wunsch seit den sechziger Jahren nach: Er kreuzt Alte mit Modernen Rosen, um öfter blühende Sorten mit dem Flair alter Zeiten zu erzielen. Obwohl diese als »Englische Rosen« bekannten Exemplare nicht immer pilz- und regenfest sind, erfreuen sie sich großer Beliebtheit. Daher machen sich auch andere Züchter auf diesen Weg. Sie bescherten uns bislang z. B. die Nostalgie-, Romantica-, Renaissance- und Maler-Rosen. Als Zuchtziele stehen heutzutage bei allen Sorten in erster Linie die Widerstandsfähigkeit gegen Krankheiten und Frostfestigkeit im Vordergrund.

Praxisinfo

PLUSPUNKTE EINMAL BLÜHENDER ROSEN

- Viele einmal blühenden Sorten sind sehr frosthart. Sie sind daher für raueres Klima und Höhenlagen die beste Wahl.
- Sie blühen bis zu fünf Wochen lang. Danach setzen eine Reihe von Sorten schmückende Hagebutten an.
- Einmal blühende Strauchrosen haben einen ausgesprochen malerischen, überhängenden Wuchs.
- Einmal blühende Rambler blühen besonders reich.

Rosenklassen erleichtern die Auswahl

Botanisch gesehen, ist eine Rose immer eine Rose. Die Einteilung in verschiedene Klassen bringt jedoch Übersicht in die große Vielfalt und hilft, die Sorte zu finden, die am besten zu einem passt.

Schon von Natur aus zeigen Rosen die unterschiedlichsten Wuchstypen. Da ist es nur logisch, dass man schon früh versuchte, sie ihrem Wuchs entsprechend in verschiedene Gruppen, so genannte Rosenklassen, einzuteilen – wobei es zwischen den einzelnen Klassen stets Übergänge gibt.

Beetrosen

Lassen Sie sich von dem Begriff »Beetrosen« nicht in die Irre führen: Auch Vertreter anderer Klassen sind für Beete geeignet. Gemeint ist, dass Rosen dieser Klasse üblicherweise in kleinen Gruppen auf Beete gepflanzt werden. Ansonsten handelt es sich bei dieser Klasse um eine illustre Gesellschaft recht verschiedener Sorten. Früher wurden die Beetrosen noch in Unterklassen eingeteilt, deren Bezeichnungen man heute noch gelegentlich hört:

- Mit **Floribundarosen** bzw. **Polyantha-Hybriden** sind niedrige Rosensorten mit großen, edelrosenähnlichen Blüten gemeint.
- Unter **Polyantharosen** versteht man niedrige Beetrosen, deren kleinblumige Blütenstände in großen Büscheln ausgebildet werden.

Mittlerweile gibt es jedoch so viele Zwischentypen, dass diese Bezeichnungen heute weniger gebräuchlich sind.

Beetrosen sind 40–100 cm hoch und von unterschiedlich buschigem bis niederliegendem Wuchs. Sie haben in der Regel halbgefüllte bis gefüllte Blüten, die sich von Juni bis Oktober in mehreren Schüben bilden. Im Duft sind sie eher zurückhaltend; es gibt jedoch auch Ausnahmen, z. B. 'Friesia'. Dafür zeichnen sich die meisten Beetrosen durch gute bis sehr gute Frosthärte sowie Krankheitsresistenz aus.

Perfekte Teamspieler

Wie der Name schon sagt, ist die klassische Verwendung der Beetrosen, sie in kleineren oder größeren Gruppen in Beete zu pflanzen. Viele Sorten sind so unkompliziert, dass sie auch zwischen Stauden und Sommerblumen sehr gut zurechtkommen. Wieder andere sind eher flachbuschig und können daher auch als Flächendecker dienen, z. B. 'Sonnenröschen'.

Edelrosen

Viele Rosenfans sehen in den Edelrosen die wahren Majestäten unter den Königinnen der Blumen. Das verdanken die

Tipp

SO HALTEN SICH ROSEN LANGE IN DER VASE

Edel- und Beetrosen sind besonders beliebte Rosen für die Vase. Schneiden Sie die Blüten am besten morgens, und wählen Sie sich gerade öffnende Knospen aus, deren grüne Kelchblätter sich bereits gelöst haben.
Schneiden Sie den Stiel lang und schräg an und stellen Sie ihn tief ins Wasser ein.

Blütenadligen ihren spitzen, eleganten Knospen und den hoch gebauten, teehybridähnlichen, gut bis stark gefüllten Blüten. Leider duften die meisten Sorten eher wenig. Das liegt daran, dass Duft stets mit weicheren Blütenblättern und somit einer geringeren Haltbarkeit der Blüte einhergeht. Aber auch hier gibt es Ausnahmen: 'Duftrausch' und 'Duftwolke' halten, was ihr Name verspricht. Die großen, einzeln stehenden Blüten entwickeln sich bis in den Herbst hinein immer wieder an langen straffen Stielen. Letzteres macht sie zu den geborenen Schnittrosen, lässt sie aber auch leicht etwas staksig wirken.
Ihre Schönheit bezahlen die Edelrosen allerdings mit einer nur mittleren Widerstandsfähigkeit gegen Pilzkrankheiten. Mit diesem Problem beschäftigen sich die Züchter aber eingehend, und es gibt auch hier schon Ausnahmen, wie z. B. 'Inspiration'.

Geschlossene Gesellschaft

Durch ihren typischerweise hoch- bis schmalbuschigen Wuchs machen sich Edelrosen am besten in kleineren und größeren Gruppen – dabei bleiben sie in der Regel gern unter sich. Da die Blüten einzeln stehen, haben sie nur eine geringe Fernwirkung. Das, und die edle Blütenform, spricht dafür, ihnen einen Gartenplatz zu geben, an dem Sie sie aus der Nähe genießen können, z. B. am Rand der Terrasse oder am Weg zur Haustüre.

Zwergrosen

Zwergrosen werden, wie der Name schon sagt, nur um die 30 cm hoch. Blatt und Blüte sind klein und zierlich. Letztere erscheinen üblicherweise in Büscheln und sind mehr oder weniger gefüllt. Zwergrosen sind äußerst schwachwüchsig, dafür aber winterhart. Allerdings sind sie meist ziemlich anfällig gegen Pilzkrankheiten, was man auf das Erbe ihrer Chinarosen-Vorfahren zurückführt. An robusteren Sorten wird gearbeitet; viele sind bereits zu haben.

Ideal für die Topfkultur

Die Zwergrosen bieten sich in erster Linie für die Kultur in Pflanzgefäßen auf Balkon und Terrasse an. Damit schlägt man dann auch der Anfälligkeit ge-

Kompakt wachsende, robuste Beetrosen, wie hier 'Leonardo da Vinci', eignen sich auch für die Kultur im Topf.

gen Krankheiten ein Schnippchen: Hochwertige Topferden enthalten keine Pilzsporen. Zudem können Sie beim Gießen der Zwerge gezielt darauf achten, dass das Laub nicht mit Wasser benetzt wird und schön trocken bleibt. Bei längerem Regenwetter können Sie die

Ihrer robusten Gesundheit verdanken viele Flächenrosen das ADR-Zeichen, z. B. 'Danica'.

Rosen in ihren Gefäßen auch so lange an einem geschützten Platz unterbringen.

Flächenrosen

Diese Klasse vereint Rosen mit verschiedenen Wuchsformen und -stärken. Flächenrosen, auch Bodendeckerrosen genannt, sind eine attraktiv blühende Alternative zu anderen bodendeckenden Gehölzen. Um diese Aufgaben zur Zufriedenheit der Gärtner erfüllen zu können, müssen sie schon einiges mitbringen: Sie sollten absolut robust, gesund und pflegeleicht sein, um möglichst wenig Arbeit zu verursachen. Dank züchterischer Bemühungen nimmt die Auswahl an Sorten mit den gewünschten Eigenschaften zu.

Ausdauernd und fleißig

Flächenrosen sind eine königliche Alternative zu Bodendeckern wie Zwergmispeln (*Cotoneaster*). Für den Hausgarten kommen vor allem schwach und flach wachsende und mittelhohe, flach und breitbuschig wachsende Sorten in Frage.

Strauchrosen

Rosen von 120–200 cm Höhe zählen zu den Strauchrosen.

- Hierzu gehören z. B. die Parkrosen, einmal blühende Strauchrosen, die sehr wüchsig und frosthart sind. Nach der Blüte, die ungefüllt, halb oder ganz gefüllt sein kann, setzen viele Sorten farbenkräftige Hagebutten an.
- Auch Moosrosen fallen in die Kategorie der einmal blühenden Strauchrosen. Charakteristisch für diese Gruppe ist, dass Kelchblätter und Blütenstielansätze mit drüsenartigen Borsten besetzt sind, die wie Moos wirken.
- Zu den öfter blühenden Strauchrosen gehören die Zierstrauchrosen. Sie blühen mindestens zweimal pro Saison. Da sie schwächer wachsen als Parkrosen, sind sie vor allem für den Hausgarten interessant. Ihre Vielseitigkeit hinsichtlich Wuchs, Blütenform und Blütenfarbe lässt keine Wünsche offen.

Geliebte Multitalente

Strauchrosen können fast überall eingesetzt werden. Als imposante Einzelpflanze oder in kleinen Gruppen geben sie reizvolle Blickfänge ab. Sie machen sich in der gemischten Rabatte ebenso gut wie als mittlere bis hohe Hecke.

Kletterrosen

Im Grunde genommen unterscheiden sich Kletterrosen nicht allzu sehr von Strauchrosen. Ihre Triebe werden

Praxisinfo

FLÄCHENROSEN – ROBUST UND PFLEGELEICHT

- Wählen Sie zum »Begrünen« einer Fläche wurzelechte Ware. Diese bildet keine Wildtriebe, die man regelmäßig entfernen müsste.
- Die Flächendeckung erreichen Sie in erster Linie durch enge Pflanzabstände, die jedoch sortenabhängig sind.
- Schneiden Sie zu hoch werdende Triebe einfach ab.
- Statt regelmäßigen Schnitts nimmt man sie alle paar Jahre auf die Hälfte zurück (z. B. mit der Heckenschere).

Mit ihren weichen, langen Trieben erobern Rambler wie die Alte Rose 'Mosel' mühelos Bögen, Lauben und Pergolen.

lediglich länger und sind weniger stabil. Sie brauchen daher ein Stützgerüst.
Rosen zählen zu den so genannten Spreizklimmern. Sie winden sich also nicht um ihre Kletterhilfen wie Bohnen und bilden auch keine Ranken als Halteorgane aus wie Wicken. Stattdessen heften sie in der Natur ihre Triebe mit Hilfe von Stacheln und Seitenzweigen an andere Gehölze. Im Garten brauchen sie eine Kletterhilfe, an die sie angebunden werden. Es gibt zwei Gruppen: die Climber und die Rambler.

- Die **Climber** wachsen aufrecht und haben dickere, vergleichsweise steife Triebe. Ihre großen Blüten erscheinen in Büscheln – je nach Sorte einmal oder öfter pro Saison. Manche Sorten duften auch. Öfter blühende Climber erreichen Höhen von ca. 2,5 m. Einmal blühende Sorten brauchen weniger Kraft für die Blütenbildung und können daher 3–4 m hoch wachsen.
- **Rambler** haben weichere, biegsame Triebe, die je nach Sorte über 5 m lang werden können. Die meisten blühen nur einmal, dafür aber extrem reich. Ihre Blüten sind kleiner als die der Climber und bilden große Büschel. Es gibt stark duftende und duftlose Sorten.

Wahre Blütenträume

Viele Menschen sehen in den Kletterrosen die Erfüllung eines Dornröschentraums. Mit ihnen lassen sich blühende Girlanden an Pergolen und Obelisken zaubern. Rosenbögen bilden stimmungsvolle Ein- und Übergänge. Sitzplätze können romantisch umrahmt werden. Dabei brauchen sie nicht einmal allzu viel Bodenraum und eignen sich auch gut für kleine Grundstücke.

Hochstammrosen

Genau genommen bilden die Hochstammrosen keine eigene Klasse, sondern es handelt sich um Beet-, Edel-, Flächen- oder Kletterrosen, die auf einen Stamm veredelt werden.
Bei einer Stammhöhe von 90 cm spricht man von einem Hochstamm. So genannte Halbstämme sind 60 cm, Fußstämme 40 cm hoch.

- Werden Beet- oder Edelrosen auf den Stamm veredelt, fällt die Krone eher kugelig und kompakt aus.
- Bei Flächen- und Kletterrosen dagegen hängen die Triebe mehr oder weniger malerisch herunter. Sie werden auf einen Stamm von 140 cm Höhe veredelt. Im Handel bezeichnet man sie auch gern als Kaskaden- oder Trauerrosen.
- Für Fußstämme verwendet man in der Regel Zwergrosen.

Bei Hochstämmchen liegt die empfindliche Veredlung nicht geschützt im Boden, sondern in Kronenhöhe. Das müssen Sie vor allem beim Winterschutz (→ Seite 83) beachten.

Gut für Sonderaufgaben

Rosenstämmchen sind attraktive Hingucker. In formale Gartengestaltungen, die den Schloss- und Bauerngärten nachempfunden sind, gehören sie unbedingt dazu. Sie begleiten Wege und Rabatten und sorgen für Blickfänge im Beet. Auch auf Balkon und Terrasse sind Rosen-Hochstämmchen gern gesehene Sommergäste, denn sie erobern eine andere Ebene, sorgen für eine romantische Stimmung und berauschen je nach Sorte mit verschiedenfarbiger Blütenpracht und betörenden Düften.

Wildrosen

Mit ursprünglichem Charme kommen die Wildrosen daher. Genau genommen zählen sie zu den Strauchrosen. Die meisten von ihnen haben ungefüllte Blütenschalen, die im Juni/Juli aufblühen.

Zu den Wildrosen zählen die Hundsrose (*Rosa canina*) mit einer Höhe von 200–250 cm, die 80–100 cm hohe Kriechende Rose (*Rosa arvensis*), die Bereifte Rose (*Rosa glauca*) mit 150–200 cm Höhe, die 150–250 cm hohe Vielblütige Rose (*Rosa multiflora*), die Bibernellrose (*Rosa spinosissima*) mit 200–300 cm hohem, überhängendem Wuchs, die Weinrose (*Rosa rubiginosa*) mit einer Höhe von 200–250 cm und die wohl bekannteste, die Kartoffelrose (*Rosa rugosa*) mit einer Höhe von 120–150 cm. Zwar blühen die meisten Wildrosen nur einmal, setzen dafür aber schmückende Hagebutten an, deren Größe und Form artabhängig ist. In den meisten Fällen sind sie orangefarben bis rot, die Bibernellrose jedoch hat schwarze Hagebutten. Starkwüchsigkeit und eine robuste Natur ist den meisten Wildrosen eigen. Dadurch geben sie pflegeleichte und gesunde Gartenpflanzen ab. Viele Arten wurden auch für den Garten »gezähmt«, und so gibt es z. B. von der Kartoffelrose auch Hybriden mit halbgefüllten und gefüllten, meist duftenden Blüten oder nach- bzw. öfter blühende Sorten, wie 'Gelbe Dagmar Hastrup'.

Zu Recht beliebt: Die Kartoffelrose (Rosa rugosa) *ist robust und im Garten vielseitig einsetzbar.*

Natürlicher Charme

Wildrosen sind genau die richtige Wahl für naturnah gestaltete Gärten. Die ungefüllten Blüten ziehen Bienen, Hummeln und andere pollensammelnden Insekten an. Manche Arten bilden Ausläufer und wuchern mit der Zeit zu dichten, undurchdringlichen Hecken heran, die von Vögeln und allerhand anderem Getier gern als sicherer Rückzugsort und Brutstätte genutzt werden.

Alte Rosen

Mit der Nostalgiewelle kehrt die Begeisterung für die Alten Rosen zurück. Zu dieser Gruppe gehörende Sorten müssen selbst keine Methusalems sein, sondern lediglich einer Klasse angehören, die nachweislich vor 1867 existierte – das Jahr, in dem die Sorte 'La France' in den Handel kam. Sie war die erste öfter blühende Teehybride nach der Einfuhr der China- und Teerosen aus Fernost.

Fast alle Alten Rosen zählen zu den Strauchrosen. Wie ihre Ahnen blühen sie meist nur einmal. Dafür verströmen ihre weißen bis rosafarbenen Blüten das Aroma, das der Rose ursprünglich den Ruf einer Duftpflanze einbrachte.

Anders als Edelrosen, die im Aufblühen am schönsten sind, werden die dicht gefüllten Alten Rosen immer attraktiver, je weiter sie sich entfalten. Einige Sorten stellen die heute so heiß begehrte viergeteilte Blütenfüllung zur Schau. Für den Hausgarten empfehle ich Ihnen die folgenden Gruppen.

Alba-Rosen

Als eine der Urahnen unserer Rosen sind die Alba-Rosen unserem Klima prima angepasst. Die 150–250 cm hohen Sträucher gelten als frosthart und gesund. Ihre Blüten sind weiß bis rosafarben und mehr oder weniger gefüllt.

Gallica-Rosen

Die als Essig- oder Apothekerrose bekannten Gallica-Rosen haben ungefüllte bis gefüllte, rosa bis dunkelrote, in der Sorte 'Versicolor' auch gestreifte Blüten. Der kompakte, sehr winterharte Strauch wird 100–150 cm hoch.

Damaszener-Rosen

Ihr starker Duft machte die Damaszener-Rosen im Mittelmeerraum schon früh zum

Viele Alte Rosen (hier 'Alfred Colomb') brauchen etwas mehr Aufmerksamkeit als die modernen Züchtungen. Das machen sie durch nostalgisch gefüllte Blüten und oft intensiven Duft wieder wett.

Lieferanten von Rosenöl. Die gefüllten Blüten gibt es in Weiß, Rosa, Rot und Purpur. Manche Sorten, wie 'Rose de Resht', sind öfter blühend. Die Winterhärte der 100–150 cm hohen Sträucher hängt von der jeweiligen Sorte ab.

Portland-Rosen

Die Portland-Rosen sind mit den Damaszener-Rosen eng verwandt. Ihre rosa- bis pinkfarbenen, locker bis dicht gefüllten Blüten öffnen sich im August/September ein zweites Mal. Die etwa 100 cm hohen, kompakten Sträucher sind sehr winterhart und gesund.

Zentifolien

Mit ihren gefüllten, stark duftenden Blüten gelten Zentifolien als der Inbegriff Alter Rosen. Sie werden 130–180 cm groß und gelten als winterhart und gesund. In regenreichen Jahren wird ihnen die dichte Füllung zum Verhängnis, weil die Blütenblätter verkleben.

Noisette-Rosen

Pastellfarbene halb- bis gut gefüllte Blüten in Weiß, Gelb oder Rosa zeichnen die Noisette-Rosen aus. Die 200–300 cm hohen, starkwüchsigen Sträucher sind öfter blühend. Sie wachsen bogig überhängend. Die meisten Noisette-Rosen sind zwar gesund, aber nur mäßig winterhart.

Bourbon-Rosen

Die edel geformten, gefüllten Blüten der Bourbon-Rosen sind weiß, rosa, rot oder purpur. Die 100–200 cm hohen Sträucher wachsen malerisch überhängend, manche können als Kletterrosen gezogen werden. Winterhärte und Krankheitsanfälligkeit sind abhängig von der Sorte. Bourbon-Rosen stammen vermutlich aus einer Kreuzung zwischen China- und Damaszener-Rosen und sind demzufolge öfter blühend.

So werden Rosenträume wahr

Je nach Geschmack und Gestaltungsstil möchte jeder Gartenbesitzer ein anderes Rosenmärchen erzählen. Dieses Kapitel soll Ihnen zeigen, wie sich die Königin der Blumen in Ihrem Garten von ihrer schönsten Seite präsentiert. Dann hat Ihre Geschichte auch ganz bestimmt ein Happy End.

Rosen sind äußerst vielseitig. Vorausgesetzt, Standort (→ Seite 40) und Klasse bzw. Sorte stimmen, lässt sich fast jeder Blütentraum erfüllen. Welcher Gartenstil und welche Stimmung dabei entstehen sollen, liegt ganz bei Ihnen!

1001 Möglichkeiten

Lieben Sie klassische Beete in symmetrischer Anordnung? Schwebt Ihnen eine romantisch bewachsene Laube vor? Hätten Sie gern eine charmante, naturnahe Gartengrenze? Rosen machen alles mit. Sie können prima unter sich bleiben. Sie gehen aber auch gern mit passenden Pflanzenpartnern eine harmonische Beziehung ein. Selbst im Topfgarten auf Balkon und Terrasse übernehmen sie auf Wunsch eine dekorative Hauptrolle. Entdecken Sie in diesem Kapitel, welche Gestaltungsmöglichkeiten Rosen Ihnen ganz persönlich bieten.

Noch mehr Vorzüge

Die meisten Rosen werden wohl wegen ihrer Blüten umschwärmt. Sie haben aber noch mehr zu bieten:

- Da wären zum einen die Hagebutten, die so unterschiedlich sind wie die Rosen selbst. Sie entstehen vor allem an Wild- und Flächenrosen, aber auch einige Sorten anderer Klassen bringen Hagebutten hervor. Sie können klein sein, wie bei der Virginischen Rose (*Rosa virginiana*), schwarz wie bei der Bibernellrose (*R. spinosissima*), flaschenförmig wie bei der Mandarinrose oder grün und stachelig wie bei der Igelrose (*Rosa roxburghii*).
- Auch mit ihren Stacheln kann so manche Rose glänzen. Besonders auffällig sind die leuchtend roten, breiten Stacheln der Stacheldrahtrose (*Rosa sericea* f. *pteracantha*) oder die spitzen, roten Stacheln der Bibernellrosen-Hybride 'Red Nelly'.
- Sogar mit Herbstfärbung können Rosen aufwarten: Gelb färbt sich das Laub der Weißen Kartoffelrose (*Rosa rugosa* 'Alba'), orange das der Weinrose 'Magnifica' und rot das des Ramblers 'Bobby James'.

Die Bildung von Hagebutten (oben) oder die Fähigkeit zum Klettern (rechts) sind Auswahlkriterien für die Gestaltung.

Von Familientreffen und prächtigen Einzelgängern

Wenn Rosen unter sich bleiben, entsteht eine ganz besondere Atmosphäre. Klassisch sind die formalen Beete im Schlossgartenstil, aber auch in anderen Situationen können Sie in Blütenpracht schwelgen.

Eingefleischte Rosenfans sehen ihre Lieblingsblume am liebsten in Reinkultur. Damit sind sie in bester Gesellschaft: Das klassische Rosenbeet stammt aus der großen Zeit der Renaissance- und Barockgärten mit ihren formalen Grundrissen. Es gibt allerdings noch viele andere Möglichkeiten, Rosen unter sich angemessen in Szene zu setzen.

Höfische Gesellschaft

Symmetrisch, geradlinig und von ordnender Struktur, die auch im Winter etwas hermacht – das ist der Charakter der klassischen Gärten. Dieses Prinzip lässt sich auch auf den Hausgarten übertragen: Vier symmetrisch angelegte Beete, dazwischen ein Wegekreuz und ein Blickfang im Mittelpunkt – so kommen gerade Rosen ganz ausgezeichnet zur Geltung.

Ganz im Rahmen

Wenn Sie sich nach den großen Vorbildern richten möchten, können Sie sich unter den Edel- und Beetrosen bedienen. Geeignet sind auch Strauchrosen, die nicht höher als 1 m werden und mäßig stark wachsen. Ganz stilecht ist eine Einfassung mit einer niedrigen, in Form geschnittenen Buchshecke, z. B. aus *Buxus sempervirens* 'Suffruticosa'.

Blüten im ersten Stock

Hochstämmchen betonen den formalen Charakter besonders. In kleinen Gärten können sie den Mittelpunkt eines Wegekreuzes bilden, Beetecken markieren oder im Beet für die nötige Höhe sorgen.

Ansprechende Beete

Ob formal oder geschwungen: Flächige Pflanzungen aus öfter blühenden Beet- und Edelrosen haben ein ganz eigenes Flair. Mit den folgenden Profitipps erzielen Sie die bestmögliche Wirkung.

- Bei kleineren Beeten sollten Sie sich auf die Pflanzung einer einzigen Sorte beschränken, sonst wirkt das Beet ganz schnell zu unruhig.

Formschnitthecken aus Buchs verleihen klassischen Rosengärten ihren typischen Charakter.

Manche Strauchrosen eignen sich als blühende Hecke – niedrige als Raumteiler, hohe als Sichtschutz.

- Steht mehr Platz zur Verfügung, können Sie verschiedene Sorten kombinieren. Stimmen Sie diese sorgfältig in Farbe und Höhe aufeinander ab. Die auffälligste Farbe und die höchsten Sorten sollten im Mittelpunkt stehen.
- Niedrigere Arten kommen in Gruppen ab fünf Exemplaren am schönsten zur Geltung, bei größeren Sorten reichen eventuell schon drei Pflanzen.
- Setzen Sie die einzelnen Pflanzen immer so, dass sie nicht hintereinander zu stehen kommen wie ein Trupp Soldaten, eine gestaffelte Anordnung wirkt ansprechender.
- Die Pflanzabstände sind dabei sortenabhängig (→ Porträtteil ab Seite 106).

Große Majestäten

Strauchrosen spielen schon aufgrund ihrer Größe eine herausragende Rolle im Hausgarten. Durch ihre geringere Wuchsstärke machen sie sich prima als Hauptdarsteller in größeren Rosenbeeten, die wie im vorhergehenden Absatz beschrieben aufgebaut werden.

Zauberhafte Blickfänge

Viele Strauchrosen haben einen malerischen, bogig überhängenden Wuchs. Daher sind sie wie geschaffen für ein Duett, Trio oder sogar für einen Soloauftritt an einem ausgesuchten Gartenplatz, der sozusagen ihre Bühne darstellt. Das kann z. B. ein Inselbeet im Rasen sein, das man von der Terrasse oder von einem Sitzplatz aus gut einsehen kann. Oder das Ende einer Rabatte, das geschwungen in den Rasen hineinragt. Auch als Visitenkarte im sonnigen Vorgarten sind die vielseitigen Strauchrosen eine gute Empfehlung – vor allem Sorten mit Duft.

Die Rahmenhandlung

Wenn der Volksmund »Heckenrose« sagt, meint er meist die Hundsrose. Was beweist, dass Wildrosen die Aufgabe, Gärten oder Gartenräume einzugrenzen, schon seit langer Zeit zugedacht ist. Doch auch öfter blühende Strauchrosen, wie 'Lichtkönigin Lucia', 'Centenaire de Lourdes' oder die robuste 'Rose de Resht' haben ein Talent dazu. Voraussetzung für die Sortenwahl ist Pflegeleichtigkeit und hohe Widerstandsfähigkeit gegen Krankheiten: In der Hecke stehen die Rosen relativ dicht! Wenn Sie verschiedene Sorten innerhalb einer Hecke mischen möchten, sollten Sie Sorten mit ähnlicher Wuchsstärke, -form und -höhe auswählen.

Praxisinfo

HECKEN AUS »WILDEN« ROSEN

- Unveredelte Wildrosen ergeben pflegeleichte Hecken, die durch Ausläuferbildung schnell dicht werden. Allerdings werden sie schon nach einigen Jahren 2–3 m breit.
- Die Pflanzabstände sind abhängig von Art und Sorte: für dichte Hecken 60–100 cm, für natürlichere 150–200 cm.
- Einmal blühende Wildrosen nur wenig schneiden. Alle paar Jahre abgestorbene oder alt gewordene Triebe herausnehmen. Starke Rückschnitte werden auch vertragen.

Wenn Rosen sich in bester Gesellschaft befinden

Von wenigen Ausnahmen abgesehen umgeben sich Rosen recht gern mit einem angemessenen Hofstaat. Dabei wollen sie aber unumstritten das Zepter in der Hand halten und eine herausragende Rolle spielen.

Ihre Vielseitigkeit und das riesige Farbsortiment sprechen dafür, Rosen mit anderen Gartenpflanzen zu kombinieren. Prächtige Beete und dauerhafte Partnerschaften können in der Tat gelingen – wenn Sie der Rose ihre Vorrangstellung belassen und die pflanzlichen Gefährten auf ihre Bedürfnisse abstimmen – nicht umgekehrt. Die folgenden Kriterien helfen Ihnen dabei, attraktive Zusammenstellungen für Ihren Garten herauszufinden.

Der Rambler 'Paul Noël' wächst ohne Stütze flächendeckend und blüht dann in Höhe der Stauden.

Auf eine gute Nachbarschaft

Im Grunde genommen basiert eine gelungene Pflanzenkombination mit Rosen auf dem gleichen Prinzip wie bei allen anderen Gartengewächsen: Jede Art gedeiht nur dort zufrieden stellend, wo ihr der Standort behagt. In unserem Fall bestimmt die Rose, wie der Standort sein sollte: nämlich sonnig und luftig mit mittleren, nährstoffreichen Böden. Das schränkt die Zahl der in Frage kommenden Partner ein.

Damenwahl

Wer sich im Glanz der Rose sonnen will, muss ihr ausreichend Licht, Luft, Wasser und Nährstoffe lassen, sonst kümmert sie bald vor sich hin. Suchen Sie also die Pflanzenpartner aus Sicht der Rose aus.

- Niedrige, nicht zu stark wachsende Stauden kommen ihr sehr entgegen. Dazu gehören z. B. Frauenmantel (*Alchemilla mollis*), Steppen-Salbei (*Salvia nemorosa*), Storchschnabel (*Geranium*-Arten), Katzenminze (*Nepeta* x *faassenii*) und Lavendel.
- Stellen Sie höhere Arten, wie Rittersporn (*Delphinium*-Hybriden) und Herbst-Anemone (*Anemone japonica*), besser in den Hintergrund.
- Auch einjährige Sommerblumen wie Elfensporn (*Diascia*-Hybriden), Jungfer im Grünen (*Nigella damascena*), Löwenmäulchen (*Antirrhinum majus*) und kleinblütige Studentenblumen (*Tagetes tenuifolia*, *T. patula*) sagen der Rose als Partner zu.

Suchen Sie Sorten aus, die die Rosen möglichst nicht überragen, und wenn, dann nur locker und luftig.

Kulissen für die Diva

Immergrüne Gehölze geben ein zurückhaltendes Bühnenbild für die Blütenschönheit ab. Der Klassiker ist natürlich der Buchs. Er verleiht Rosenbeeten auch als niedrige Formschnitthecke einen ansprechenden Rahmen. Als ruhiger Hintergrund, der die Rose zur Blütezeit hervorhebt, kommen auch Lorbeerkirsche (*Prunus laurocerasus*) und Eibe (*Taxus*-Arten) in Frage.

Abstand halten

Setzen Sie die Begleiter nicht zu dicht an die Rose, sonst verwandeln sie sich schnell in eine ungeliebte Konkurrenz. Fachleute empfehlen sogar, der Rose 2–3 Jahre Wachstums-

Die leuchtend gelben Blütenkerzen der Steppenkerze verleihen diesem üppigen Rosengarten Heiterkeit.

vorsprung zu gewähren und sie erst dann mit ihren Pflanzpartnern zu umgeben.

Farben und Formen

Zugegeben: Über Farbkombinationen lässt sich streiten. Um jedoch ein stimmiges und attraktives Pflanzenbild zu erzielen, gibt es ein paar Prinzipien, die über reine Geschmacksfragen hinausgehen.

Ausdrucksstarke Kontraste

Wer gerne lebhafte Kontraste in seinem Garten mag, der sollte Paare aus den so genannten Komplementärfarben bilden. Diese ergänzen sich immer zu den drei Grundfarben Blau, Rot und Gelb.
Gelb ist z. B. die Komplementärfarbe zu Violett, denn das setzt sich aus Blau und Rot zusammen. Gelb und Violett haben demnach keine Farbpigmente gemeinsam und steigern sich somit gegenseitig in ihrer Leuchtkraft. Aus diesem Grund strahlen gelb blühende Rosen aus violettem Ziersalbei ganz besonders auffällig heraus.

Ton-in-Ton-Verbindungen

Wenn Sie eher auf sanfte Farbklänge stehen, dann wählen Sie für Ihre Rosen Begleiter in verwandten Tönen aus. Sonnig und warm wird es mit Rot, Orange und Gelb. Sehr beliebt und richtig »rosig« wirken die Kombinationen zwischen Rot, Blau und Violett, vor allem in ihren pastelligen Varianten. Da sich hier die Farben jedoch sehr ähnlich sind, kann das Beet schnell verschwommen oder etwas langweilig wirken.
Hier erhalten Sie den nötigen Kontrast durch unterschiedliche Blütenformen. Längliche Kerzen, wie die der Stockrosen (*Alcea rosea*), oder Blütenwolken, wie die vom Schleierkraut (*Gypsophila paniculata*), sorgen hier für Spannung.
Leicht wirken die an langen Stielen tanzenden Blüten des Hohen Eisenkrauts (*Verbena bonariensis*) und der Prachtkerze (*Gaura lindheimeri*).

Lieblings-Kombinationen

Gern möchte ich Ihnen noch meine beiden persönlichen Favoriten vorstellen:

- Zunächst ein milder Kontrast: Feines Gelb, wie das der Englischen Rose 'Graham Thomas' und lichtes Rittersporn-Blau lassen das Beet erstrahlen, als wäre es ein heiterer Frühlingshimmel.
- Am liebsten ist mir jedoch, wenn graulaubige Pflanzen, wie Heiligenkraut (*Santolina*) oder Mehliger Salbei (*Salvia farinacea* 'Silber'), den Silberhauch kühl rosafarbener Rosenblüten verstärken, z. B. von 'Leonardo da Vinci' oder 'Manou Meilland'.

Tipp

STIMMEN SIE DIE BLÜTEZEITEN AB

Wählen Sie die Pflanzpartner so aus, dass sie die Blüte der Rosen ergänzen. Während Akelei und Polster-Nelken das Beet schon vor den Rosen schmücken, verlängern Herbst-Anemonen und Raublatt-Astern die Blütenpracht zum Saisonende hin. Taglilie und Fetthenne, die ihre Blüten im Juli oder August öffnen, lassen den Rosen erst einen Soloauftritt, bevor sie sie umgarnen.

Märchenhaft romantisch: Kletterrosen lassen bitten

Mit ihren üppigen Blütengirlanden, die sich über Bögen, Lauben und Pergolen hangeln, verwandeln Kletterrosen jeden Garten in ein verwunschenes Paradies. Können Sie da widerstehen?

Die Blütengirlanden von 'New Dawn' und 'Veilchenblau' umrahmen ein lauschiges Eckchen.

Mit Kletterrosen geht es buchstäblich aufwärts. Und das sogar im kleinsten Garten, denn mit einer Pflanzfläche von 30 x 30 cm sind die Aufsteiger unter den Blütenköniginnen schon zufrieden. Dabei gibt es viele verschiedene Gestaltungsmöglichkeiten, die eine atemberaubend schöne Atmosphäre schaffen.

Schicke Rosenranken

Mit ihren biegsamen Trieben haben Climber und Rambler (→ Rosenklassen ab Seite 12) die Gärtner schon immer zu neuen, malerischen Ideen inspiriert. Gemeinsam ist allen beiden Gruppen, dass sie ein »Gerüst« brauchen, an dem sie sich festhalten können.

- Zu den beliebtesten Einsatzmöglichkeiten von Kletterrosen gehört der Rosenbogen. Er leistet als Tor zum Grundstück ebenso zauberhafte Dienste wie als Ein- und Durchgang zu und zwischen den verschiedenen Gartenräumen. Mehrere Rosenbögen hintereinander fügen sich zu Laubengängen zusammen. Im Handel sind die Bögen in verschiedenen Größen und Ausführungen zu haben. Achten Sie darauf, dass die Rosen von ihrer Wuchsstärke auch zum ausgesuchten Bogenmodell passen.
- Breite Rosenbögen ergeben, über Kreuz aufgestellt, schon eine Art lauschige Laube. Es gibt aber auch spezielle Laubengerüste und ganze Gartenpavillons, die Sie von mehreren Seiten mit einer Rosengardine

Kletterrose (hier 'American Piller') und Waldrebe sollten mit 1–2 m Abstand gepflanzt werden.

versehen können. Für solche größeren Elemente, die natürlich immer ausreichend stabil ausgelegt werden sollten, eignen sich die Rambler mit ihren langen, weichen Trieben besser als die Climber.

- Wer weniger Platz hat, stellt eine Pergola auf. Im Garten kann sie als Raumtrenner dienen, eine Terrasse verwandelt sie in ein Zimmer mit laubenähnlicher Atmosphäre.
- Selbst ein Carport wird, berankt von einer Kletterrose, zu einem blühenden Zuhause für das Familienauto.

Stilvolle Blickfänge

Ob als Mittelpunkt eines Beetes oder an einem Gartenplatz, den Sie gern betonen möchten: Formschöne Rankobelisken und -pyramiden sowie schirmartige Gestelle setzen – mit Kletterrosen berankt – zauberhafte Akzente. Den Engländern abgeschaut sind die so genannten Festons. Dafür werden als Gartengrenze oder Raumteiler Pfähle in den Boden eingeschlagen, die man mit Tauen oder Ketten verbindet und dann mit Ramblern begrünt.

Rosen an Mauern

Mit einer Wandbegrünung aus Rosen geht der Traum vom Dornröschenschloss in Erfüllung. Leider sind Rosen in dieser Hinsicht etwas heikler als andere Kletterpflanzen: Hitzestau und schlechte Durchlüftung machen ihnen oftmals schwer zu schaffen – Pilzkrankheiten und Spinnmilbeninvasionen sind die Folge. Wählen Sie daher unbedingt ganz robuste und pilzresistente Sorten aus.

- Nach Südosten oder Südwesten ausgerichtete Wände sind für Rosen besser geeignet als heiße Südwände.
- Das Rankgerüst sollte gitterförmig sein und zwecks besserer Durchlüftung mindestens 15, besser noch 20–30 cm Abstand zur Wand haben.
- Leiten Sie die Rosen fächerförmig am Klettergerüst in die Höhe und binden Sie sie an.

Halbhohe oder höhere Mauern können im Garten als Raumteiler oder Grenze dienen. Kletterrosen lehnen sich gern darüber und lassen ihre Blütenkaskaden auf der anderen Seite herunterhängen. Für niedrigere Mauern eignen sich zwar auch Flächenrosen, bei höheren sind jedoch in erster Linie robuste Rambler, wie 'Flammentanz', eine gute Wahl.

Mitspieler gesucht

Bei größeren Bögen, Lauben und Pergolen bietet es sich an, den Kletterrosen andere Rankpflanzen zur Seite zu stellen.

- Gut geeignet sind z. B. Waldreben (*Clematis*), Blauregen (*Wisteria*) und Geißblatt (*Lonicera*).
- Setzen Sie die Rose 2–3 Jahre eher ein, damit sie sich in Ruhe etablieren kann. Fügen Sie erst dann den Partner bei.
- Besonders romantisch sind Rambler, die – so wie sie es von Natur aus gewohnt sind – in einen alten Obstbaum klettern. 'Bobby James' z. B. überzieht die Baumkrone schon nach einigen Jahren malerisch mit langen Blütenschleppen.

Tipp

DAS TRAUMPAAR: ROSE UND WALDREBE

Kletterrosen und Waldreben (*Clematis*) ergänzen sich ideal. Besonders gut eignen sich farblich zur jeweiligen Rose passende Sorten der Italienischen Waldrebe (*C. viticella*). Sie sind weniger anfällig für die gefürchtete Clematis-Welke als die großblumigen Waldreben.
Lassen Sie die Kletterrose erst einmal 2–3 Jahre gut einwachsen und pflanzen Sie dann die Waldrebe dazu.

Die Königin der Blumen auf Terrasse und Balkon

Rosige Aussichten für Balkon- und Terrassengärtner: Die Lieblingsblume Nummer eins gedeiht auch im Kübel! Für das Blütenvergnügen in Topf und Ampel sind nicht nur die Sorten im Mini-Format geeignet.

Auf Balkon und Terrasse hat man sie jederzeit direkt im Blick: Noch näher können Sie Ihren Rosen gar nicht kommen. Und wenn die Rosenblüten dabei auch der Nase noch etwas zu bieten haben, dann ist der Rosentraum wohl perfekt! Dank der Zwergrosen ist ein kleines Stück vom großen Rosenglück selbst auf dem kleinsten Balkon möglich.
Mit den richtigen Sorten, ausreichend großen Gefäßen (→ Seite 52) und guter Pflege (→ Seite 72/73) können Sie als Topfgärtner aber auch in größeren Dimensionen schwelgen.

Hochstämmchen betonen den klassischen Stil dieser romantischen Rosenterrasse.

Topftaugliche Sorten

Kompakt, robust und öfter blühend – so müssen Rosen beschaffen sein, die auf Dauer in der Topfkultur bestehen sollen. Diven, die es einem gleich übel nehmen, wenn man sich ein bisschen zu viel Zeit mit dem Gießen oder Nachdüngen genommen hat, sind hier nicht gefragt. Stattdessen ein dichtes Blätterkleid, das sich als widerstandsfähig gegen Pilzkrankheiten und Hitzeeinwirkung erweist. Auch »nackte Beine« gehören in Kübel und Topf nicht zu den erwünschten Schönheitsmerkmalen. Zum Glück gibt es eine ganze Reihe von Kandidatinnen, die all diese Kriterien erfüllen.

Von David bis Goliath

- Die Kleinformate unter den Terrassenprinzessinnen in Form von Zwergrosen (→ Porträtteil Seite 110) sind wie geschaffen für Töpfe und Balkonkästen.
- Sorten mit überhängendem Wuchs eignen sich hervorragend für überhohe Gefäße oder Wand- und Hängeampeln. Dazu gehören z. B. Flächenrosen wie 'Snow Ballet' oder 'Heidetraum'.
- Wenn der Topf etwas größer sein darf, hat man sogar schon wieder die Qual der Wahl, denn viele Beet- und Edelrosen begnügen sich mit einem Leben im Kübel.
- Buschig und aufrecht wachsende Beetsorten, wie 'Bonica', 'Focus' oder 'Friesia', dulden bei ausreichend Platz und in länglichen Gefäßen sogar noch Begleiter, wie Purpurglöckchen

Die Hochstammrose 'Baby Maskerade' lässt sich gut mit blau blühendem Lavendel kombinieren.

(*Heuchera*), Männertreu (*Lobelia*) oder Ziersalbei (*Salvia*).

- Strauchrosen, wie beispielsweise 'Graham Thomas', 'Lichtkönigin Lucia' und 'Souvenir de la Malmaison', bieten auf Balkon und Terrasse schon das große Rosenvergnügen. Genau wie die gern in Kübel gepflanzten Hochstämmchen betonen sie Terrassenecken und geben ein charmantes Empfangskomitee rechts und links der Haustüre ab. Selbst im Garten sorgen sie als mobiles Einsatzkommando im Ensemble für hinreißende Blickfänge oder stehen Spalier am Wegesrand.
- Nicht einmal Kletterrosen sind für Pflanzgefäße tabu. An dekorativen Rankgerüsten und Spalieren hochgeleitet, rahmen sie den Sitzplatz ein und halten äußerst dekorativ neugierige Blicke ab. Verwenden Sie dafür am besten Climber mit einer Wuchshöhe von 2,5–3 m, z. B. 'Compassion' und 'Santana', oder moderne, öfter blühende Rambler wie die äußerst dankbare 'New Dawn' oder 'Rosarium Uetersen'.

Schicke Pflanzgefäße

Neben einer angemessenen Größe und einigen praxisbezogenen Kriterien spielt für die Auswahl der Töpfe, Ampeln, Kästen und Kübel, in denen die Rosen ihren Platz finden sollen, natürlich Ihr persönlicher Geschmack die entscheidendste Rolle.

Alles eine Materialfrage

Es gibt eine Fülle von Pflanzgefäßen aus den unterschiedlichsten Materialien, die sich für die Rosenkultur eignen. Alle haben sie ihre Vor- und Nachteile:

- **Terrakotta** hat eine warme, mediterrane Ausstrahlung. Sie ist aber ziemlich schwer und daher schlecht zu handhaben. Für Rosen-Hochstämmchen ist das Gewicht jedoch von Vorteil: Sie sind etwas »kopflastig« und werden in leichteren Gefäßen schnell vom Wind umgeblasen. Achten Sie darauf: Nur hochwertige Terrakotta-Kübel sind auch frostfest.
- **Kunststofftöpfe** sind leicht zu transportieren und wetterfest. Sie bieten den Wurzeln aber bei Frost und praller Sonne weniger Schutz.

Es gibt immer mehr Produkte, die Terrakotta und anderen hochwertigen Materialien verblüffend ähnlich sehen.

- **Glasierte Töpfe** verleihen der Terrasse einen Hauch Fernost. Durch die Glasur und die hohen Brenntemperaturen nimmt der Ton jedoch fast kein Wasser auf, die Gefäße sind daher bei richtigem Umgang frostfest.
- **Metallgefäße** sind in. Sie nehmen jedoch viel Hitze auf. Achten Sie daher stets darauf, dass das Substrat nicht austrocknet. Die Gefäße brauchen ebenfalls ein Abzugsloch.
- **Holz, Korb** und **Weide** wirken rustikal. Kleiden Sie die Gefäße vor dem Pflanzen gut mit Folie aus.

Achten Sie bei allen Gefäßen auf ein großes Abzugsloch.

Praxisinfo

»UNTERMIETER« FÜR HOCHSTAMMROSEN

Hochstämmchen sehen noch einmal so schön aus, wenn ihnen zu Füßen eine weitere »Blütenetage« entsteht.

- Kleinblütige, schwachwüchsige Arten, wie z. B. Elfensporn (*Diascia*), Männertreu (*Lobelia*) oder niedrige Glockenblumen (*Campanula*), stehlen der Rose weder die Schau noch Wasser bzw. Nährstoffe.
- Wenn Sie die Begleiter mit ihren Töpfen in das Substrat einsenken, dann können Sie sie leichter austauschen.

› FRAGE & ANTWORT

Expertentipps rund um die Planung

Durch das schier unerschöpfliche Sortiment findet fast jeder Rosenliebhaber die richtige Art und Sorte für seine Zwecke. Dennoch gibt es immer wieder Spezialfälle, die Fragen zur Verwendung oder zu den passenden Begleitern aufwerfen. Auf die wichtigsten finden Sie hier eine Antwort.

? Warum sieht man Lavendel so häufig als Begleiter von Rosen? Er bevorzugt doch ganz andere Böden.

Lavendel ist tatsächlich ein klassischer Rosenbegleiter. Das liegt daran, dass er mit seinen schmalen, herrlich blauen Blütenkerzen und dem silbergrünen Laub der Rose ungemein schmeichelt und die Wirkung aller Blütenfarben unterstützt. Zudem steht Lavendel im Ruf, mit seinem Duft Blattläuse von der Rose fern zu halten.
Es stimmt auch, dass Lavendel seiner Herkunft gemäß eher magere Standorte bevorzugt, während die Rose lieber auf schwereren, nährstoffreicheren Böden steht. So lange man sich bei Lavendel an die am meisten verbreitete Art *Lavandula angustifolia* hält, stellt dies jedoch kein Problem dar: Diese Art kommt auch auf für sie weniger idealen Böden gut zurecht. Vorsichtshalber können Sie die Erde im Pflanzloch für den Lavendel mit scharfem Sand etwas abmagern. Setzen Sie den aromatischen Blattdufter zudem mit etwas Abstand zur Rose. Dann können Sie die Rose gezielt düngen, ohne dass ihre Nachbarn davon allzu viel abbekommen.

? Mein Garten ist von einem Maschendrahtzaun begrenzt. Kann ich diesen mit einer Rose etwas attraktiver gestalten?

Da ein Maschendrahtzaun einer gitterförmigen Rankhilfe entspricht, können Sie ihn grundsätzlich mit Rosen begrünen. Bisher wurden dafür Kletterrosen mit weichen Trieben empfohlen, die man von außen an den Zaun heftet. Dafür muss der Maschendraht allerdings stabil genug sein.
Seit einigen Jahren macht man an der Sächsischen Landesanstalt für Landwirtschaft in Dresden-Pillnitz zu diesem Thema Versuche mit Flächenrosen. Mit überraschendem Erfolg: Sorten mit flach niederliegendem Wuchs erweisen sich am Zaun sogar viel blütenreicher, als wenn man sie als Bodendecker verwendet. Im Abstand von 3 m gepflanzt, bilden sie ab dem dritten Jahr eine dichte Blütenwand, bei der sogar ungefüllt blühende Exemplare prachtvoll wirken. Zu den besten öfter blühenden Sorten gehören 'Apfelblüte' (weiß, ungefüllt, Hagebutten) und 'Magic Meidiland' (pink, gefüllt). Als einmal blühende Sorten eignen sich 'Marondo' (rosa, gefüllt), 'Immensee' (rosa, ungefüllt, Hagebutten, Herbstfärbung rotorange) und 'Weiße Immensee' (weiß, ungefüllt, Fruchtschmuck, Herbstfärbung gelborange).
Stecken Sie die Triebe nicht durch die Maschen, sonst erschweren Sie sich die Arbeit, wenn die Flächenrosen nach einigen Jahren einmal verjüngt oder ausgelichtet werden müssen. Wenn Sie sie von außen an den Zaun anbinden, dann können Sie die Ranken bei Bedarf einfach abnehmen, zu Boden legen, altes Holz herausschneiden und die jungen Triebe wieder aufbinden.

? Ich habe eine Böschung, die ich gern dauerhaft begrünen würde. Zwergmispeln sind mir zu alltäglich – ein Blütenmeer wäre mir lieber. Gibt es Rosen, die sich hierfür eignen?

In der Tat hatten die Züchter sich bei den Flächenrosen ursprünglich das Ziel gesetzt, passende Sorten für Böschungen im öffentlichen Grün auszulesen. Davon können Sie jetzt profitieren. Für den Hausgarten eignen sich z. B. die ungefüllte 'Mozart', deren rosa Blüten ein weißes Auge haben, die gefüllt blühende, rosa 'The Fairy', die rote, ungefüllte 'Sommerabend' und die gelbe, halbgefüllt blühende 'Loredo'.

Die folgenden Voraussetzungen sollten allerdings gegeben sein:

- Die Neigung des Hangs darf nicht steiler sein als 30 Grad.
- Wie bei anderen Rosen auch, versprechen sonnige Standorte die größten Erfolge.
- Der Boden muss unbedingt frei von Wurzelunkräutern und Ausläufer bildenden Arten, wie Brombeere, sein. Auch nach der Pflanzung muss die Fläche von Unkraut freigehalten werden, bis es von den Rosen unterdrückt wird.
- Verwenden Sie unveredelte Sorten, die auf ihrer eigenen Wurzel stehen. Dann entstehen keine Wildtriebe, die an einer Böschung schwerer zu entfernen sind.

? Kann man Zimmerrosen auch in den Garten pflanzen?

Topfrosen für die Zimmerkultur bietet der Handel inzwischen ganzjährig an. Die Sorten werden immer besser. So halten bei hochwertigen Pflanzen die Blüten bei Temperaturen um 20 °C inzwischen über drei Wochen, vorausgesetzt, sie stehen nicht in der prallen Sonne. Oft fühlen sich Zimmerrosen jedoch auf Balkon und Terrasse wohler als im beheizten, relativ dunklen Raum. Bei guter Pflege blühen sie bis zum Herbst immer wieder nach. Allerdings haben die Züchter ihr Augenmerk bei der Auslese mehr auf Haltbarkeit der Blüten und schönes Laub gerichtet, als auf mehrjährige Kultur. Für den Garten sind diese Sorten also weniger zu empfehlen, Sie können sie aber auf jeden Fall auspflanzen.

? Es würde mich reizen, eine Rose im Garten zu haben, deren Hagebutten man in der Küche verwerten kann. Welche Arten und Sorten sind zu empfehlen?

Wer Hagebutten verwerten möchte, ist mit den so genannten Vitamin- oder Fruchtrosen, wie z. B. der Kartoffelrose (*Rosa rugosa*) gut bedient. Bei ihnen ist der Anteil an Fruchtfleisch und wertvollen Inhaltsstoffen bei den Hagebutten besonders hoch. Die Pillnitzer Vitaminrose 'Pi-Ro 3' wurde sogar aus Wildrosen (*R. dumalis* x *R. pendulina*) speziell auf die Verwertung ihrer Hagebutten gezüchtet. Sie trägt rosaweiße Blüten. Ihre Hagebutten reifen von Ende August bis Mitte September. Man erntet sie, wenn sie gerade voll ausgereift sind, dann ist ihr Vitamin-C-Gehalt am höchsten – höher als bei Zitronen! Den Reifegrad erkennen Sie daran, dass die Hagebutten zwar voll ausgefärbt, aber noch fest sind. Das Fruchtmark ist die Grundsubstanz für Konfitüre, Suppen und andere Verwendungszwecke. Sie gewinnen es, indem Sie geputzte und halbierte Früchte bei milder Hitze 30–40 Minuten weich kochen lassen. Streichen Sie die Fruchtmasse dann durch ein Sieb. Dabei bleiben die Schalen, Kerne und Härchen zurück.

Geputzte und halbierte Hagebutten, aber auch die enthaarten Samenkörnchen können Sie zur Verwendung als Tee trocknen.

? Mein Garten soll etwas mehr Landhausatmosphäre ausstrahlen. Welche Rosen und Rosenbegleiter passen dazu?

Der aktuell im Trend liegende Landhausstil unterscheidet sich vom Bauerngarten dadurch, dass er zurückhaltender und nicht ganz so bunt wirkt. Rosen gehören unbedingt dazu.

Kletterrosen machen sich in Landhausgärten immer gut. Besonders stimmig sind auch die nostalgischen Alten Rosen, z. B. die robuste 'Rose de Resht'. Da im Landhausgarten auch nützliche Pflanzen gefragt sind, bietet sich zudem die Essigrose (*Rosa gallica* 'Officinalis') mit ihrem Hintergrund als Heilpflanze an.

Bauerngartenpflanzen in zurückhaltenden Farben und edlen Sorten sind die passenden Begleiter, zu allererst natürlich Rittersporn (*Delphinium*-Hybriden) und Lavendel. Weitere gute Rosenkavaliere sind Phlox, Fetthenne (*Sedum telephium*) und Glattblatt-Astern (*Aster novi-belgii*).

Auch Würz- und Heilkräuter passen sehr gut zu Rosen, z. B. Ysop (*Hyssopus officinalis*), Oregano (*Origanum vulgare*) und Bohnenkraut (*Satureja montana*).

2

Garten-praxis

Anfang gut, alles gut!

Wenn Sie sich für eine bestimmte Rosensorte entschieden haben, ist die größte Hürde zum Blütenspaß bereits genommen. Alles Weitere sind klare Richtlinien, die Sie Schritt für Schritt zum Erfolg führen. Und der beginnt mit bester Pflanzenqualität und einer durchdachten Wahl des Standorts.

Rosenfreunde haben es gut: Es gibt gleich eine ganze Reihe von Spezialbaumschulen, deren Inhaber sich – zum Teil seit Generationen – hauptsächlich der Rose widmen (→ Adressen Seite 126). Von diesem Wissen können Sie profitieren.
Ob Sie lieber in Seiten blättern oder mit dem Computer auf die Suche gehen: In Katalogen und im Internet finden Sie Sorteninformationen aus allererster Hand. Bei manchen Rosenzüchtern können Sie auch direkt bestellen. Die Lieferung erfolgt dann per Postversand. Wenn Sie jedoch eine individuelle Beratung bevorzugen, sollten Sie sich an regionale Fachbetriebe wenden, z. B. an Markenbaumschulen, die Mitglied im Bund deutscher Baumschulen (BdB) sind. Dort bekommen Sie auch die in Lizenz vermehrten Sorten der Rosenzüchter. Neben dem fachlichen Rat bei der Wahl der richtigen Sorte und des Standorts im Garten erhalten Sie in diesen Betrieben eine Garantie auf gute Pflanzenqualität.

Optische Täuschung

Auch wenn die Geduld auf eine harte Probe gestellt wird: Wenn es auf eine bestimmte Farbnuance ankommt, sollten Sie sich die Zeit nehmen und die zur Wahl stehenden Sorten einmal »persönlich« unter die Lupe nehmen. Die farbigen Abbildungen in den Katalogen entsprechen oft nicht ganz dem Original. In Rosarien und regionalen Markenbaumschulen (→ Adressen Seite 126) können Sie die Blütenfarben in Ruhe vergleichen und zugleich auch einmal eine »Nasenprobe« nehmen.

Alles zu seiner Zeit

Wann Sie Rosen kaufen, hängt von den jeweiligen Angebotsformen (→ Seite 36) ab, denn die kommen zu unterschiedlichen Zeiten in den Handel. Aus der Angebotsform ergeben sich die idealen Pflanztermine (→ Seite 44).
Und nicht zuletzt spielt auch Ihr Portemonnaie eine nicht unbedeutende Rolle: Je nach Pflanzware müssen Sie unterschiedlich viel Geld ausgeben.

Wer bei Einkauf und Pflanzung von Rosen mit Bedacht vorgeht, kann auf lange Sicht mit einem guten Erfolg rechnen.

ALCAN

ALLES FÜR DIE PFLANZUNG

1 Schubkarre: sehr hilfreich, zum Transport größerer Erdmengen

2 Spaten: zur Bodenvorbereitung und zum Graben des Pflanzlochs

3 Grabegabel: zur Lockerung von Sohle und Wänden des Pflanzlochs

4 Eimer: zum Wässern der Rosen vor der Pflanzung

5 Rosen: achten Sie hier auf gute Qualitätsware

6 Gießkanne: nach der Pflanzung zum ergiebigen Angießen

Das braucht der Rosengärtner

DAMIT SCHNEIDEN SIE GUT AB

1 Astschere: zum Entfernen dicker, älterer Triebe, spart Kraft

2 Gartensäge: hilft da weiter, wo die Astschere nicht mehr ausreicht

3 Schnur: zum Aufbinden der Kletterrosen nach dem Schnitt

4 Messer: dient zum Abschneiden von Wildtrieben

5 Gartenschere: notwendig für den Hauptschnitt und zum Ausputzen

6 Präsentierschere: für den Vasenschnitt, schneidet und hält den Stiel

DAS ERLEICHTERT DIE PFLEGE

1 Kombihacke: mit Blatt und Zinken lockert man bei Bedarf die Bodenoberfläche, gleichzeitig wird gejätet

2 Handgeräte (z.B. Grubber): eignen sich besser für den Einsatz an schwerer zugänglichen Stellen zwischen den Pflanzen

3 Spritzgeräte: bei vielen Rosen sind größere Druckluftspritzen komfortabler, kleine Handgeräte reichen für den gelegentlichen Einsatz, z. B. bei Blattlausbefall

4 Stricke: Kokos- und Baststricke sowie Clips eignen sich besonders zum Aufbinden

Das Pflanzen und die Pflege der Rosen gehen viel besser von der Hand, wenn man das richtige Werkzeug und die notwendigen Materialien parat hat. Hier eine Übersicht, was ein Rosengärtner braucht.

AUSSTATTUNG FÜR DEN WINTERSCHUTZ

Bei strengen Frösten ist ein Kälteschutz für Rosen empfehlenswert. Die Winterschutzmaterialien sollten luftdurchlässig sein, wie Gartenvliese (1), Matten aus Zweigen oder Schilf (2) oder Sacktuch bzw. Leinensäcke (3), die es auch in Grün gibt. Die Gefäße von Topfrosen wickelt man in Noppenfolie (4) und deckt die Erdoberfläche mit Rindenmulch (5) ab.

GANZ WICHTIG: HANDSCHUHE

Mit ihren bestachelten Trieben sind Rosen ziemlich wehrhaft. Vor allem bei kletternden Sorten mit langen Trieben, die man sortieren muss, kann das recht unangenehm werden. Robuste Gartenhandschuhe sind ein guter Schutz, der allerdings auch nicht immer ganz ausreicht. Spezielle Rosenhandschuhe haben besonders dicke, widerstandsfähige Griffflächen, die die Stacheln noch besser abhalten. Eine sicherlich lohnende Anschaffung!

Das »Who is who« der Angebotsformen

Rosen gibt es im Fachhandel in verschiedenen Angebotsformen. Dabei hat jede ihre Vor- und Nachteile sowie ihren Preis. Suchen Sie sich aus, welche am besten zu Ihren Bedürfnissen passt!

Rosen gibt es inzwischen quasi an jeder Ecke. Ob in Baumschulen, Gartencentern oder sogar im Supermarkt – so verschieden wie die Anbieter, so unterschiedlich gestalten sich auch die Angebotsformen.

Hier behalten Sie die Übersicht

Um herauszufinden, welche Angebotsform für Sie die beste ist, beantworten Sie für sich zunächst folgende Fragen:

- Wie schnell und wie sicher sollen Erfolge sichtbar werden?
- Wie viel Geld wollen bzw. können Sie ausgeben?

Vergleichen Sie nun die folgenden Angebotsformen.

Im Dornröschenschlaf: wurzelnackte Rosen

Traditionell werden Gehölze zu Beginn ihrer Ruhezeit im Herbst gerodet, verkauft und wieder eingepflanzt. So auch die Rosen. Sie haben dann weder Laub noch einen Wurzelballen. Die Baumschulen bringen diese Pflanzware unter dem Begriff »wurzelnackte Rosen« ohne Verpackung in den Handel (→ Abb. 1). Diese Angebotsform weist zwei Vorteile auf: Zum einen steht dem Rosenfreund damit ein sehr breites Sortiment zur Verfügung. Zum anderen kostet sie relativ wenig und schont somit den Geldbeutel.

Demgegenüber steht die Notwendigkeit einer sorgfältigen Pflanzung und eines fachgerechten Pflanzschnitts (→ Seite 48), um den Anwachserfolg zu gewährleisten. Gekaufte Ware sollten Sie sofort einpflanzen, zumindest jedoch die Wurzeln nicht austrocknen lassen (in feuchter Erde lagern).

Schnäppchen mit Risiko: folienverpackte Rosen

In Folienbeutel verpackte Rosen (→ Abb. 2) werden häufig in Supermärkten oder Gartencentern mit Selbstbedienung angeboten. Die Wurzeln sind dabei in ein Feuchtigkeit speicherndes Material eingebettet. Manchmal wurden die Triebe in Spezialwachs getaucht, um die Verdunstung zu minimie-

1

Wurzelnackte Rosen
Schützen Sie die Wurzeln gegen Austrocknung vor Sonne und Wind. Die Wurzeln dürfen nicht beschädigt, schwarz oder weich sein. Die Triebe sollten frischgrün aussehen und einen knackigen Eindruck machen.

2

In Folienbeutel verpackt
In Folienbeutel verpackte, wurzelnackte Rosen sollten nicht zu lange gelagert haben, d.h., die Triebe sind noch frischgrün, treiben aber noch nicht aus. Die Wurzeln sind unbeschädigt, fest und hell.

ren. Wenn folienverpackte Rosen länger in den beheizten Verkaufsräumen lagern, treiben sie gern aus und werden dadurch geschwächt. Lassen Sie ausgetriebene Rosen besser liegen. Auch für Rosen im Folienbeutel gilt: Pflanzen möglichst rasch in den Boden bringen, einwandfrei einpflanzen und fachgerecht anschneiden.

Durchdachte Verpackung: wurzelballierte Rosen

Seit noch nicht allzu langer Zeit bieten spezielle Rosenbetriebe auch so genannte wurzelballierte Ware an. Dabei werden die Wurzeln in einen Erdballen gepackt. Dieser steckt entweder in einem Topf aus Pappe (→ Abb. 3) oder Torf oder hält durch ein Netz oder Drahtgeflecht zusammen. In diesem Erdballen kann die Rose bereits erste Faserwurzeln bilden und ist zudem vor Austrocknung besser geschützt. Manche Anbieter wachsen aus diesem Grund auch noch zusätzlich die Triebe (→ Abb. 4). Derart vorbereitete Rosen bringen sowohl dem Handel als auch dem Käufer Vorteile: Sie brauchen beim Transport und im Laden nicht viel Platz und wiegen vergleichsweise wenig. Sie leiden weniger an einem Pflanzschock und benötigen bei der Pflanzung keinen Wurzelschnitt. Es schadet nicht einmal, wenn wurzelballierte Rosen beim Kauf schon etwas ausgetrieben haben. Sie wachsen nach dem Einpflanzen zügig weiter.

Absolut narrensicher: Rosen im Pflanzcontainer

Rosen werden auch im Pflanzcontainer (→ Abb. 5) angeboten, allerdings nur ein relativ kleiner Teil des Sortiments.
In den Containern können die Rosen schon in der Baumschule und im Handel einen guten Wurzelballen bilden. Ein weiterer Vorteil gegenüber den anderen Angebotsformen ist, dass man die Sorten mit Laub und gelegentlich sogar mit Blüten auswählen kann.
Containerrosen kosten einiges mehr als Pflanzware in anderer Form. Die Rosen wachsen jedoch ohne Pflanzschock sicher und zügig an. Zudem können sie – frostfreien Boden vorausgesetzt – das ganze Jahr über in die Erde gesetzt werden.

3

Rosen mit ballierter Wurzel
Achten Sie darauf, dass der Wurzelballen kompakt und fest ist und nicht gleich auseinander fällt. Auch darf der Ballen nicht ausgetrocknet oder zu feucht sein, beides schadet den jungen Faserwurzeln beträchtlich.

4

Gewachste Triebe
Bei manchen Rosen sind die Triebe von einer Wachsschicht umgeben. Diese soll ein Austrocknen verhindern. Entfernen Sie den Überzug auch nach dem Pflanzen nicht, er blättert mit der Zeit von alleine ab.

5

Rosen im Pflanzcontainer
Lassen Sie sich vom Verkäufer die Pflanze aus dem Topf heben, damit Sie den Wurzelballen begutachten können: Er sollte gut durchwurzelt und stabil, aber nicht stark verfilzt sein; die sichtbaren Wurzeln hell und fest.

Die Qualität: Gut gekauft ist halb gewachsen

Wer zu hochwertigem Pflanzmaterial greift, hat die größten Chancen auf gesichertes Anwachsen und Gedeihen. Ein kritisches Auge ist dabei die beste Garantie für einen guten Kauf.

Pflanzware in bester Qualität erhalten Sie in speziellen Rosenbaumschulen. Manche von ihnen gehören dem Bund deutscher Baumschulen (BdB) an, die sich zu einwandfreier Ware verpflichten. Auch bei BdB-Markenbaumschulen mit breiterem Sortiment können Sie eine gute Qualität erwarten.

Anerkannte Gütebestimmungen

Für den Verkauf von Rosen hat der Bund deutscher Baumschulen (BdB) Güteklassen festgelegt, die im europäischen Handel allgemein anerkannt sind. Sie bestimmen, wie die Pflanzware bei Rosen für den Verkauf beschaffen sein muss.

Allgemeine Güteklassen

Bei veredelten Rosen gibt es zwei Güteklassen (→ Abb. 1):

- **Rosen der Güteklasse A** haben gut verzweigte Wurzeln und mindestens drei kräftige Triebe. Wenigstens zwei dieser Triebe müssen aus der Veredlungsstelle entspringen. Der dritte darf bis zu 5 cm oberhalb der Veredlung liegen.
- **Rosen der Güteklasse B** brauchen nur zwei Triebe aufweisen, die aus der Veredlungsstelle entspringen müssen – dafür kosten diese Rosen auch etwas weniger.

Spezialfall Hochstämme

- Die Kronen von Hochstammrosen der Güteklasse A haben mindestens drei kräftige Triebe; zwei davon aus der Veredlungsstelle. Sie zeichnen sich durch einen geraden Stamm und eine gut verzweigte Wurzel aus. An der Veredlungsstelle sollte die Stammdicke zudem mindestens 9 mm Durchmesser betragen.
- Bei Hochstammrosen der Güteklasse B sind nur zwei kräftige Triebe gefordert, die beide aus der Veredlungsstelle entspringen sollten.

Checkliste

KENNZEICHEN FÜR GEPRÜFTE QUALITÄT

- ✔ Hochwertige Rosen tragen ein Original-Sortenschutzetikett mit Angaben über Züchter, Sortenname und Klasse.
- ✔ Manchmal trägt die Rose zusätzlich ein Bildetikett des Fachhandels oder auch nur das Bildetikett, auf dem Sortenschutz und Züchterinformationen integriert sind.
- ✔ Das ADR-Siegel (Allgemeine Deutsche Rosenneuheitenprüfung) bürgt für Sorten mit geprüfter hoher Widerstandsfähigkeit gegen Krankheiten und hohem Zierwert.

Augen auf beim Rosenkauf

Nehmen Sie die zum Verkauf stehenden Rosen kritisch unter die Lupe. Es lohnt sich, die einzelnen Pflanzen miteinander zu vergleichen, um die beste auswählen zu können. Die im Folgenden aufgeführten Kriterien helfen Ihnen, gute Qualität von schlechter zu unterscheiden.

Ihr Pflanzencheck

Schauen Sie sich die Rosen beim Einkauf ganz in Ruhe und systematisch an.

- Die **Triebe** sollten fest und grün sein. Die Rinde drum herum sollte glatt und nicht verschrumpelt sein und keine Verletzungen, Bruch- oder Fäulnisstellen aufweisen.

- Überprüfen Sie die **Augen** (Knospen), ob sie gut ausgebildet und gesund sind.
- Bei **folienverpackter oder wurzelballierter Pflanzware** muss das Material bzw. das Substrat um die Wurzeln etwas feucht, aber nicht trocken sein. Folienverpackte Rosen dürfen nicht ausgetrieben haben. Da die Pflanze noch keine Faserwurzeln hat, kann sie den Austrieb nach der Pflanzung nicht versorgen. Er stirbt ab; die Rose ist geschwächt.
- Die **Veredlungsstelle** (→ Abb. 2) muss einen gesunden Eindruck machen, gut verwachsen und frei von Krankheiten oder faulen Stellen sein.
- Die **Wurzeln** (→ Abb. 3) dürfen bei keiner Angebotsform weich, glasig oder faul, aber auch nicht knochenhart und vollkommen ausgetrocknet sein. Achten Sie auf feste, unbeschädigte und knackige Wurzeln und ein kräftiges und gut verzweigtes Wurzelsystem.
- Gute Qualität bei **Rosen im Pflanzcontainer** erkennen Sie u. a. daran, dass das Gefäß, in dem die Rose steht, mindestens 2 Liter Volumen fasst. Der Wurzelballen sollte gut durchgewachsen sein und fest zusammenhalten. Andererseits dürfen die Wurzeln nicht zu stark verfilzt sein oder gar aus dem Wasserabzugsloch herauswachsen. Das Laub muss sattgrün, fleckenfrei und unbeschädigt sein. Sehen Sie sich auch die Unterseiten genau an.
- **Hochstämmchen** sollten gut gewachsen und mit Trieben bestückt sein (→ Abb. 4).

Güteklasse A und B
Entscheiden Sie sich am besten für Pflanzen der Güteklasse A (→ Abb.) oder B, die sind zwar teurer als ungeprüfte Sonderangebote, versprechen jedoch Qualität und gutes Wachstum.

Saubere Veredlungsstelle
Die Stelle, an der die Wurzelunterlage und die Edelsorte zusammengefügt wurden (Veredlungsstelle), sollte gut verwachsen und zudem frei von Krankheiten oder faulen Stellen sein.

Gesunde Wurzeln
Um zu überprüfen, ob die Wurzeln gesund sind, kratzt man einfach mit dem Fingernagel ein wenig Rinde ab: Das darunter liegende Wurzelgewebe sollte weiß sein.

Gerade Hochstämmchen
Achten Sie bei Hochstämmchen darauf, dass der Stamm schön gerade gewachsen ist. Die Triebe sollten gleichmäßig um den Stamm herum verteilt sein.

Wo Rosen gut gedeihen – der richtige Standort

Guter Standort – gesunde Rosen. Stellen Sie also erst einmal fest, welche Standortbedingungen in Ihrem Garten vorherrschen, und suchen Sie dann dazu passend die entsprechenden Sorten aus.

Fragte man Rosen, an welchem Ort sie am liebsten wüchsen, käme als Antwort – wie so oft – die goldene Mitte heraus. Auf drei Dinge kommt es dabei ganz besonders an:

- Der ideale Gartenboden ist tiefgründig, reich an Humus, weder zu leicht noch zu schwer.
- Rosen lieben es zwar sonnig und hell, aber nicht zu heiß oder gar pralle Mittagssonne.
- Der Standort sollte luftig, aber nicht zugig sein.

Wer keinen optimalen Rosenboden hat, braucht den Kopf nicht hängen zu lassen: Die Königin der Blumen kommt meist auch damit gut zurecht, wenn man ihr den Boden mit den geeigneten Maßnahmen schmackhaft macht (→ Seite 46). Wirklich ungeeignet ist nur ein staunasser und verdichteter Boden.

Im Hanggarten scheint die Sonne nicht immer: Die Vielblütige Rose kommt damit gut zurecht.

Das Wohlfühlklima

Die hierzulande erhältlichen Züchtungen sind den bei uns vorherrschenden Klimabedingungen angepasst. Dennoch gibt es einige regionale und gartenspezifische Unterschiede, die es zu beachten gilt.

Von Weinbaugebieten und »kalten Löchern«

Zwischen Weinbauklima und Höhenlagen herrschen recht unterschiedliche Verhältnisse. Ebenso zwischen den einerseits durch die Nordsee ausgeglichenen, relativ warmen Wintern im Nordwesten und den durch kontinentale Einflüsse kalten Wintern in Sachsen. Für die raueren Gegenden sind demzufolge robustere Sorten zu empfehlen, die außerdem noch mit einem geeigneten Winterschutz (→ Seite 82) versehen werden sollten.

Aber auch in wärmeren Klimagebieten gibt es »kalte Löcher«. Dies ist z. B. der Fall, wenn das Grundstück in einer Senke liegt, in die kalte Luft einfließt und sich dann dort aufstaut. Zum anderen gibt es Regionen mit relativ viel und solche mit weniger Niederschlag. Bei Ersteren spielt also die Regenfestigkeit der Blüten eine Rolle, ebenso wie die Widerstands-

Ein sonniger, geschützter Standort eignet sich für fast alle Rosen. Er sollte jedoch nicht zu heiß sein.

fähigkeit des Laubs gegen Pilzkrankheiten. Dies steht bei der Sortenauswahl auch an Orten mit hoher Luftfeuchtigkeit und viel Nebel, wie sie z. B. am Bodensee und an der Nordsee vorherrschen, im Vordergrund.

Sonne ja, aber in Maßen

Im Garten reservieren Sie der Rose am besten ein sonniges Plätzchen. Dort kann das Laub nach Taubildung am schnellsten abtrocknen. Viele Sorten reagieren im Schatten außerdem mit spärlicher Blüte. Pralle Mittagssonne ist jedoch im Sommer meist des Guten zu viel. Laub und Blüten können Verbrennungen davontragen. Die Blüten verblassen und verblühen auch schneller. Der Effekt wird verstärkt, wenn die Rosen an einer Südmauer oder neben Asphalt oder Pflaster stehen. Dunkle Flächen laden sich mit Hitze auf, helle reflektieren die Strahlen noch auf die Blattunterseiten. An solchen Stellen herrscht zusätzlich eine niedrige Luftfeuchtigkeit – das begünstigt den Befall mit Spinnmilben oder Echtem Mehltau. Sogar im Winter stehen Rosen dort ungünstig: Bei sonnigem Frostwetter vertrocknen sie leicht. Im Frühjahr können sie auch zu schnell austreiben; die jungen Triebe fallen dann schnell Spätfrösten zum Opfer.

- Im Rasen, am Rand von Gehölzen (nicht in deren Traufbereich!) oder an freien Stellen sind Rosen besser aufgehoben.
- Stellen Sie Topfrosen, die auf der Terrasse zwangsläufig auf Pflaster stehen, so auf, dass sie mittags in lichtem Schatten stehen. Wählen Sie am besten kleinlaubige Sorten – sie gelten als hitzetoleranter.

Leichte Brise bevorzugt

An Stellen, an denen immer ein Lüftchen weht, trocknet das Laub nach Niederschlägen oder Taubildung ebenfalls schneller wieder ab. Das erschwert Pilzkrankheiten die Infektionsbedingungen. Blattläuse fühlen sich dort ebenfalls nicht wohl.
Zugig und kalt mögen es die Rosen andererseits aber auch nicht. Pflanzen Sie Rosen nicht zu dicht, halten Sie die Pflanzabstände der einzelnen Sorten ein (→ Porträts ab Seite 104).

Seien Sie bei Rosen Lokalpatriot

Auch wenn der Standort für Rosen in Ihrem Garten nicht gerade optimal ist: Es gibt immer Sorten, die mit kniffligen Gegebenheiten besser zurechtkommen als andere. Einige Empfehlungen dazu finden Sie im Kasten unten.
Es lohnt sich außerdem, in den Markenbaumschulen in Ihrer Nähe einmal nachzufragen. Dort weiß man aus Erfahrung, welche Sorten sich speziell in Ihrer Region besonders gut bewährt haben.

SORTENEMPFEHLUNGEN FÜR KNIFFLIGE STANDORTE

Für halbschattige Standorte:
Beetrosen: 'Bonica '82', 'Maxi Vita', 'Queen Elisabeth Rose'
Edelrosen: 'Aachener Dom', 'Christoph Columbus', 'Focus'
Strauchrosen: 'Angela', 'Centenaire de Lourdes', 'Romanze'
Kletterrosen: 'Kir Royal', 'New Dawn', 'Zéphirine Drouhin'

Für Frost- und Höhenlagen:
Beetrosen: 'Crimson Meidiland', 'Dolly', 'Escapade', 'Nina Weibull', 'Play Rose'
Strauchrosen: 'Gelbe Dagmar Hastrup', 'Maigold', 'Marguerite Hilling', 'Schneewittchen'
Kletterrosen: 'Alchymist', 'Flammentanz', 'Leverkusen', 'New Dawn', 'Veilchenblau'

Wetterfeste Sorten:
Beet-, Edelrosen: 'Ambiente', 'Bernsteinrose'
Strauchrosen: 'Angela', 'Awakening', 'Mary Rose'
Kletterrosen: 'Dortmund', 'Rosarium Uetersen'

› FRAGE & ANTWORT

Expertentipps rund um Einkauf und Qualität

Bei manchen kommt ein kleines Rosenkind per Post, das richtig behandelt werden möchte. Andere stehen im Gartencenter vor vielen Pflanzen und wollen die beste darunter herausfiltern. Das wirft Fragen auf. Hier sind Antworten, die Ihnen helfen, bald wie ein Rosenprofi urteilen zu können.

? Kann ich bei Rosen auch zur Güteklasse B greifen, ohne dabei einen Misserfolg in Kauf nehmen zu müssen?

Pflanzen der Güteklasse B haben nur zwei anstelle von drei Trieben, wie es bei der Güteklasse A vorgeschrieben ist. Sie müssen deswegen nicht unbedingt schlechter wachsen als die Exemplare der höheren Güteklasse. Sie bringen lediglich etwas weniger Reservestoffe mit. Schneiden Sie solche Exemplare bei der Pflanzung ein bisschen tiefer zurück – das fördert die Verzweigung.

? Schadet es Rosen, die ich per Post bestelle, wenn sie auf dem Versandweg in eine Frostperiode geraten?

Zur Pflanz- und Versandzeit befinden sich Rosen sozusagen im Winterschlaf. Es macht ihnen also nichts aus, wenn sie einmal Frost abbekommen. Nur starke Temperaturschwankungen können schwierig werden. Daher ist es wichtig, dass Sie die Pflanzen nach der Ankunft bei Ihnen schonend, d. h. langsam auftauen lassen. Stellen Sie sie dafür zu zwei Dritteln in einem Eimer mit frostfreier Erde für einige Tage an einen kühlen, aber frostfreien Ort.

? Was kann ich tun, wenn ich die Rosen nach dem Kauf nicht sofort einpflanzen kann?

Grundsätzlich ist es am besten, wenn die Rosen möglichst bald in die Erde kommen. Dennoch haben Sie etwas Spielraum. Wie lange, hängt von der Pflanzware ab.

- **Wurzelnackte Rosen,** die auf dem Postweg eintreffen, können in der ungeöffneten Verpackung ohne weiteres ein, zwei Tage an einem unbeheizten, frostfreien Ort (z. B. Garage oder Gartenschuppen) stehen bleiben.
Eine Zwischenlagerung über 4 Wochen ist möglich, wenn Sie die Rosen gut nass machen, in Folie wickeln und einmal die Woche gut anfeuchten. Auch hier sollte der Aufbewahrungsort möglichst kühl und dunkel sein, damit die Rosen nicht frühzeitig austreiben.
Ist der Boden nicht gefroren, können Sie sie im Garten einschlagen. Wässern Sie die Rose erst einmal gründlich in einem Eimer mit Wasser. Graben Sie dann die Rosenwurzeln tief ein, treten die Erde etwas fest und wässern Sie den Boden. Häufeln Sie oberhalb der Veredlungsstelle noch mindestens 10 cm hoch lockere Erde an. So »eingepackt« überdauern die Rosen mehrere Wochen. Spätestens im Frühjahr, bevor sie austreiben, sollten die Rosen an ihren endgültigen Platz kommen.
- In **Folienbeutel** verpackte oder **wurzelballierte Ware** sollten Sie zunächst gut wässern. An einem vor Sonne und Wind geschützten, gerade frostfreien Platz kommen sie ein paar Tage gut zurecht. Am besten packen Sie sie dazu noch in lockere Erde ein.
- Bei **Containerrosen** sollten Sie den Wurzelballen einige Minuten

in Wasser tauchen, damit die Erde sich gut voll saugen kann. An einer hellen, jedoch vor praller Sonne geschützten Stelle kann die Pflanze gut und gerne einige Wochen stehen bleiben, wenn Sie sie entsprechend mit Wasser und Nährstoffen versorgen.

? Ich habe Rosen bei einem englischen Züchter bestellt. Als die Pflanzen bei mir ankamen, waren einige Blätter verfault. Muss ich reklamieren?

Eigentlich sollten die Rosen zur Versandzeit im Herbst von den verbleibenden Blättern befreit werden, bevor sie in ihre Verpackung kommen. Falls das nicht geschieht, ist dies jedoch nicht weiter tragisch. Damit die Pflanzen nicht austrocknen, ist es innerhalb der Verpackung natürlich ziemlich feucht. Da kann es dann schon einmal passieren, dass einige Blätter faulen. Wenn die Pflanzen ansonsten gesund und vital sind, besteht kein Grund für eine Reklamation.
Entfernen Sie einfach das schadhafte Laub und pflanzen Sie die Rose sorgfältig ein.
Anders ist dies bei Containerrosen, die im Sommer verschickt werden. Hier sollte das Laub beim Eintreffen einwandfrei und gesund sein, sonst hat die Rose womöglich Schaden genommen.

? Meine Rose ist von Wachs überzogen. Muss ich es vor der Pflanzung entfernen?

Das sollten Sie auf gar keinen Fall tun, Sie könnten die Triebe oder die Augen der Rose schädigen. Dieses Spezialwachs schützt die Pflanzen während des Transports und während der Lagerung beim Fachhändler vor Verdunstung und Austrocknung. Die Wachsschicht ist dünn genug, dass die Rosen sie beim Neuaustrieb ohne weiteres durchstoßen können. Mit der Zeit fällt das Wachs sowieso von alleine ab.

? Im Gartencenter habe ich Rosen mit weißen Schlaufenetiketten gesehen. Darauf fand sich ihr Name per Computeraufdruck. Was sagt das über ihre Herkunft aus?

Wenn Sie sichergehen wollen, dass Sie eine ganz bestimmte Sorte kaufen, sollten Sie sich nicht auf solche Kennzeichnungen verlassen. Die Sortenechtheit ist nur gewährleistet, wenn die Pflanzen mit dem Original-Sortenschutzetikett oder einem Bildetikett mit Informationen zu Züchter und Sortenschutz versehen sind. Schlaufenetiketten mit Computerausdruck garantieren gar nichts.

? Ich habe mir die Beetrose 'Friesia' ausgesucht. Ein Entscheidungskriterium war, dass sie eine ADR-Rose ist. Beim Einkauf fand ich jedoch keinen Hinweis darauf auf dem Etikett. Warum nicht?

Wenn Rosen einmal das ADR-Qualitätszeichen erhalten haben, heißt das nicht, dass sie es für immer behalten. Wenn sich mit der Zeit herausstellt, dass eine Sorte den Anforderungen nicht mehr entspricht, wird ihr das ADR-Zeichen wieder aberkannt. So kann es passieren, dass Schaderreger, z. B. Pilze, sich im Lauf der Jahrzehnte verändern und ursprünglich resistente Sorten dann doch angreifen können. Außerdem werden die Züchtungen hinsichtlich der Krankheitsresistenzen immer besser. Da kann es dann schon vorkommen, dass ältere Sorten wie 'Friesia', der das ADR-Zeichen 1973 verliehen wurde, im Vergleich nicht mehr ganz mithalten können. Deshalb wurde sie 2004 mit 18 anderen Sorten aus der ADR-Liste gestrichen. Das heißt allerdings noch lange nicht, dass sie nicht mehr gartenwürdig ist: 'Friesia' hat sich durch ihren kompakten Wuchs, ihre Blühfreude und ihren Duft bestens bewährt. Auf diesen Klassiker brauchen Sie daher in Ihrem Garten nicht zu verzichten.

? Ich wollte mir im Gartencenter den Wurzelballen einer Containerrose anschauen. Dabei fiel er auseinander. Was sagt mir das über die Qualität?

Rosen werden grundsätzlich im Herbst in der Baumschule gerodet. Die für Container bestimmten Exemplare werden meist im Februar/März in den Topf gepflanzt, damit sie diesen bis zum Verkauf gut durchwurzelt haben. Manche Rosen kommen aber auch erst später in den Container.
Wenn der Wurzelballen beim Austopfen nicht zusammenhält, ist das ein Zeichen dafür, dass die Rose erst relativ frisch in den Container gesetzt wurde. Eigentlich steht sie also etwas zu früh zum Verkauf an, denn sie hat beim Umpflanzen in den Topf noch keinen festen und gut durchwurzelten Ballen gebildet. Kaufen Sie eine solche Pflanze nicht.

So pflanzen Sie richtig

Ob im Garten oder im Kübel auf der Terrasse: Wenn die Wurzeln einer Rosenprinzessin sich von Anfang an wohl fühlen und ausbreiten können, ist dies der Beginn einer langen, blühenden Regentschaft. Die Wegbereiter dafür sind eine optimale Bodenvorbereitung und eine fachgerechte Pflanzung.

Wie alle Gehölze braucht auch die Königin der Blumen eine gewisse »Bodenhaftung«. Schließlich ist sie für ein gesundes Wachstum darauf angewiesen, dass sie von den Wurzeln ausreichend mit Wasser und Nährstoffen versorgt wird. Jede Angebotsform hat da ihre eigene Pflanzzeit.

Die beste Pflanzzeit

Bei der Entscheidung, wann man seine Rose pflanzen soll, kann man nicht viel falsch machen: Rosen werden dann verkauft, wenn Pflanzzeit ist.

Im Herbst ist Hochsaison

Sobald die Rosen im Winterschlaf versinken, geht in den Baumschulen ein geschäftiges Treiben los: Jetzt werden die Pflanzen »geerntet«. Im Kühllager warten sie bei 1–2 °C auf ihre weitere Bestimmung.

- Wurzelnackte Rosen werden, so wie sie sind, in Baumschulen und per Versand verkauft. Ihre Pflanzzeit erstreckt sich von Mitte Oktober bis April. Streng genommen ist dabei der allerbeste Pflanztermin im Herbst, weil dann die Rosen vor Winterbeginn noch gut einwachsen können. Spätere Pflanzungen sind aber ohne weiteres möglich – so lange der Boden frostfrei ist.

In rauen Gegenden und auf schweren Böden verspricht eine Pflanzung im Frühjahr vor dem Austrieb mehr Erfolg.

- Ein Teil der Ware kommt in Folienbeuteln verpackt zum Verkauf in Gartencenter mit Selbstbedienung und in Supermärkte. Pflanzen können Sie die Ware von Oktober bis Mai.
- Bei wurzelballierten Rosen hat man nach hinten noch etwas mehr Spielraum: Man setzt sie von Oktober bis Juni.

Jetzt auch im Sommer

Seit Rosen im Container angeboten werden, steht einer Pflanzung im Sommer nichts mehr im Wege. Da ihre Faserwurzeln bereits gut ausgebildet sind, können die Pflanzen auch bei Hitze ausreichend mit Wasser versorgt werden. Prinzipiell können Sie Containerrosen ganz nach Belieben rund ums Jahr in den Garten setzen – außer im Winter, wenn der Boden gefroren ist.

Je nach ihrer Angebotsform haben Rosen unterschiedliche Pflanzzeiten. Wurzelballierte Ware kann bis Juni in die Erde.

TANTOP

› PRAXIS

Machen Sie der Rose den Boden schmackhaft

In den allermeisten Gärten entspricht die Erde nicht unbedingt dem Ideal, das Rosen bevorzugen würden. Wenn Sie den Boden in Ihrem Garten jedoch etwas vorbereiten, dann gedeihen die Rosen auch hier.

Der Boden gibt der Rose Halt, wenn sie ihn gut durchwurzeln kann. Außerdem speichert er Wasser und Nährstoffe. Da die Blütenschönheit über viele Jahre Freude bereiten soll, ist es nur logisch, dass man ein besonderes Augenmerk darauf legt, ihren Wurzelraum so einladend wie möglich zu gestalten. Die gute Nachricht ist: Fast alle Böden sind für die Rosenkultur geeignet, zumindest dann, wenn man ein wenig nachhilft.

Wie sieht Ihr Gartenboden aus?

Wenn Rosen sich ihren Boden selbst aussuchen können, wie Wildrosen es in der Natur tun, wachsen sie am liebsten dort, wo er mittelschwer, tiefgründig, nährstoffreich und humos ist. Welcher Gärtner hat das schon auf seinem Grundstück zu bieten? Zum Glück gibt es Möglichkeiten, das Erdreich ein bisschen rosengerechter zu gestalten. Um die geeignete Methode dafür auswählen zu können, sollten Sie zunächst einmal wissen, wie Ihr Boden im Garten aussieht. Wenn Sie die Bodenart kennen, können Sie sie gezielt verbessern. Das ist kein Hexenwerk!

Machen Sie den Fingertest

Die Eigenschaften des Bodens hängen von seiner Zusammensetzung ab. Diesen kommen Sie mit der Hand auf die Spur, wenn Sie versuchen, etwas Gartenerde z. B. zu einer Rolle zu formen.

- **Leichte Böden** bestehen hauptsächlich aus Sand. Sie sind einfach zu bearbeiten, können aber Nährstoffe und Wasser nur schlecht speichern. Leichter Boden ist kaum formbar. Um ihn zu verbessern, mischen Sie Kompost oder Tonminerale unter, z. B. Bentonit oder Urgesteinsmehl.
- **Schwere Tonböden** haben zwar eine sehr hohe Speicherfähigkeit für Wasser und Nährstoffe, verdichten jedoch sehr schnell. Tonboden lässt sich sehr gut formen. Mischen Sie Kompost, scharfen Sand, Bimskies, Steinmehl oder Splitt unter, um den Boden zu lockern und die Wasserleitfähigkeit zu erhöhen.
- Der **Lehmboden**, die goldene Mitte aus Sand und Ton, ist für das Pflanzenwachstum ideal. Er ist formbar, bildet aber Risse, wenn Sie versuchen, »Würste« daraus zu rollen. Wenn er ausreichend organische Substanz enthält, braucht er nicht verbessert zu werden.

Ein aktives Bodenleben erhöht die Fruchtbarkeit des Bodens.

Praxisinfo

WENN DER BODEN »ROSENMÜDE« WIRD

Wenn an einer Stelle über mehrere Jahre Rosen gestanden haben, gedeihen neue Exemplare dort oft gar nicht oder nur sehr schlecht. Die Ursache dieser »Bodenmüdigkeit« vermutet man bei einem Zusammenspiel aus Wurzelälchen (Nematoden), Mikroorganismen und Wurzelausscheidungen der Rosen. Wenn Sie dort dennoch Rosen pflanzen möchten, dann heben Sie ein Pflanzloch von 70 x 70 x 70 cm aus und füllen Sie dieses mit humoser Erde von einer Stelle im Garten, an der keine Rosen standen.

1

Ganz wichtig: lockerer Boden
Einen mittelschweren Lehmboden (→ Abb.) brauchen Sie vor der Pflanzung nur mit einer Grabegabel etwas aufzulockern. Einen schweren Boden dagegen sollten Sie auf alle Fälle spatentief umgraben.

2

Unkraut rechtzeitig entfernen
Wurzelunkräuter wie Quecke, Giersch und Winde sind hartnäckig. Sammeln Sie Wurzelreste vor dem Pflanzen sorgfältig heraus: Sind die Rosen erst einmal gepflanzt, ist das Unkrautziehen noch einmal so schwer.

3

Kompost für alle Fälle
Kompost verbessert sowohl schwere als auch leichte Böden. Am besten arbeiten Sie bei humusarmen Böden einige Monate vor der Pflanzung 50–100 l Kompost pro Quadratmeter etwa einen Spaten tief ein.

Ein hoher Gehalt an organischer Substanz (Humus) fördert das Bodenleben. Humus lockert den Boden auf, ist eine wichtige Nährstoffquelle und sorgt für eine gute, luftige Bodenstruktur. Seinen Anteil können Sie z. B. durch regelmäßige Kompostgaben oder Stallmist erhöhen. Stallmist sollte vor dem Einarbeiten allerdings gut verrottet sein!

Messen Sie den pH-Wert

Auch der pH-Wert des Bodens ist für das Pflanzenwachstum entscheidend. Sie können ihn leicht mit speziellen Test-Sets ermitteln. Rosen bevorzugen einen schwach sauren pH-Wert um 6,5. Den pH-Wert von zu sauren Böden können Sie mit einer Zufuhr von Gartenkalk etwas anheben.

Das A und O: eine gute Vorbereitung

Bereiten Sie Ihren Rosen mit einer guten Bodenvorbereitung einen majestätischen Empfang! Gerade wenn das Erdreich nicht ideal ist, erfordert das eine gewisse Vorlaufzeit.

- Rosen haben ein tief reichendes Wurzelsystem. Lockern Sie schwere Böden 1–2 Monate vor der Pflanzung etwa zwei Spaten tief gut auf. Das gilt vor allem auch in Gärten von Neubauten, deren Erdreich durch den Einsatz der Baumaschinen stark verdichtet wurde.
- Bei nassen Böden kommen Sie nicht umhin, eine Wasser abführende Drainage zu verlegen, sonst wird es mit dem Gedeihen der Rosen nichts.
- Bei mittleren und leichten Böden brauchen Sie nur den Boden kurz vor dem Einsetzen der Rose ein wenig aufzulockern (→ Abb. 1).
- Lesen Sie beim Lockern des Bodens gleich sorgfältig alle Pflanzenteile von Wurzelunkräutern heraus (→ Abb. 2). Das geht mit einer Grabegabel besser als mit dem Spaten. Anders als Samenunkräuter, die man durch Rupfen oder Hacken leicht entfernt, treiben Wurzelunkräuter aus den im Boden verbliebenen Wurzelresten immer wieder neu aus.
- Schlagen Sie bei der Lockerung des Bodens gleich zwei Fliegen mit einer Klappe: Wenn Sie ihn mit den jeweils bei den Bodenarten genannten Materialien verbessern möchten, sollte man dies natürlich in einem Arbeitsgang mit dem Lockern erledigen (→ Abb. 3).

› PRAXIS

Ein herzlicher Empfang: die optimale Pflanzung

Heißen Sie den Rosen-Neuankömmling in Ihrem Garten willkommen, indem Sie seine Wurzeln sorgfältig in den Boden betten. Das verläuft – je nach Angebotsform – mit kleinen Unterschieden.

Das Pflanzen einer Rose ist wie ein Anfang und ein Ende zugleich: Einerseits haben Sie die langwierigen Vorarbeiten wie Auswahl, Standortsuche und Bodenbearbeitung mit der Pflanzung glücklich hinter sich gebracht. Andererseits beginnt danach zu guter Letzt die ungetrübte Freude am Gedeihen der neuen Gartenkönigin. Damit auch beim Pflanzen alles glatt verläuft, beachten Sie bitte die kleinen Unterschiede, die die jeweiligen Angebotsformen so mit sich bringen.

Einiges zuvor

Bevor Ihre Rosen in die Erde kommen, muss das Pflanzloch ausgehoben werden, und auch an den Rosen selbst braucht es noch ein paar vorbereitende Handgriffe.

Zuallerst Wurzeln wässern

Ganz egal, in welcher Angebotsform die Rosen zu Ihnen kommen: Sie sollten ihnen einen guten Schluck Wasser mit auf den Weg in das Pflanzloch geben (→ Abb. 1).

- Wurzelnackte und folienverpackte Rosen stellen Sie mindestens zwei Stunden in einen Eimer mit Wasser – die folienverpackten natürlich ohne Folienbeutel. Beide Angebotsformen können auch über Nacht im Wasser bleiben.
- Bei wurzelballierter und Containerware reicht es aus, die Rosen samt Gefäßen so lange in Wasser zu tauchen, bis keine Luftblasen mehr aufsteigen – dann hat sich das Substrat schön voll gesaugt.

Der richtige Pflanzschnitt

Nun sollten Sie die Rosen noch etwas zuschneiden (→ Abb. 2). Schneiden Sie dazu bei wurzelnackten und folienverpackten Pflanzen zu lang gewordene oder beschädigte Wurzeln ein wenig zurück.
Bei den oberirdischen, grünen Trieben hängt der Rückschnitt

1

Gut wässern
Wie alle Gehölze werden Rosen vor der Pflanzung ausgiebig gewässert. Wurzelnackte Exemplare stellt man dafür am besten komplett in einen Eimer mit Wasser. Alle anderen werden einige Minuten getaucht.

2

Ein moderater Pflanzschnitt
Kürzen Sie bei wurzelnackten Rosen nur zu lange oder beschädigte Wurzeln etwas ein. Sie sollten nachher im Pflanzloch gerade ausgebreitet und verteilt werden können, ohne dass die Spitzen umbiegen.

von der Pflanzzeit und von der Rosenklasse ab.

- Im Spätherbst gepflanzte **Beet- und Edelrosen** kürzen Sie auf etwa 30–40 cm Länge. Da die Triebe bei Frost noch zurückfrieren können, schneidet man sie erst im Frühjahr weiter zurück.

Bei im Frühjahr gepflanzten Beet- und Edelrosen kürzen Sie die Triebe gleich auf die für ihre Klasse übliche Länge (→ Seite 92).

- Bei **Strauch- und Kletterrosen** sollten Sie weniger streng vorgehen: Man belässt ihnen jeweils das Drei- bis Vierfache im Vergleich zu den Beetrosen.
- Bei **Containerrosen,** die im Herbst oder Frühjahr in die Erde kommen, kürzen Sie die Triebe ihren Klassen entsprechend ein. Im Lauf der Wachstumsperiode mit Blättern und Blüten(knospen) gepflanzte Containerrosen brauchen gar nicht geschnitten zu werden, da der gut entwickelte Wurzelballen sie ausreichend versorgt.

Den Platz gut vorbereiten

Heben Sie das Pflanzloch mit einem Spaten aus (→ Abb. 3). Falls Sie den Boden nicht schon im Vorfeld vorbereitet haben, besteht jetzt die letzte Möglichkeit, ihn bei Bedarf entsprechend zu verbessern (→ Seite 46). Mischen Sie aber auf jeden Fall bis zu einem Drittel Kompost in den Aushub. Sie können auch jetzt schon eine Hand voll Hornspäne oder etwas Langzeitdünger zugeben. Greifen Sie nun noch

WURZELNACKTE ROSEN RICHTIG PFLANZEN

J	F	M	A	M	J	J	A	S	O	N	D

Zeitbedarf:

- 20–30 Min. pro Pflanze

Material:

- wurzelnackte Rosen
- evtl. Sand oder Gesteinsmehl zur Bodenverbesserung
- Hornspäne bzw. Langzeitdünger, Kompost

Werkzeug:

- Spaten, Grabegabel
- Gartenschere
- Eimer, Gießkanne

3 Die Größe des Pflanzlochs
Die Größe des Pflanzlochs hängt davon ab, wie die Wurzeln bzw. Wurzelballen beschaffen sind. Berechnen Sie dabei für Höhe, Breite und Tiefe immer eine gute Handbreit mehr Abstand zu den Wurzeln.

4 Lockerheit von allen Seiten
Lockern Sie Seiten und Boden des Pflanzlochs mit einer Grabegabel. Sind diese zu fest, wachsen die Wurzeln nicht in die umgebende Erde. Die Folge: Die Rose ist weniger standfest und in Trockenzeiten empfindlicher.

5 Ballierte Rosen vorbereiten
Wurzelballierte Rosen werden aus dem Folienbeutel genommen und mitsamt Topf eingepflanzt. Papp- oder Torfgefäße an einigen Stellen etwas aufreißen. Drahtgeflechte um die Wurzelballen werden mit eingepflanzt (→ Abb.).

6

Wurzelballen auflockern
Lockern Sie die Wurzeln von Rosen, die Sie aus dem Container genommen haben, an einigen Stellen etwas auf, vor allem, wenn sie schon recht verfilzt sind.

7

Nicht zu hoch, nicht zu tief
Die knotenförmige Veredlungsstelle sollte – ebenso wie die Ränder von Papp- und Torftöpfen – mindestens 5 cm unterhalb der Erdoberfläche liegen.

8

Erde leicht andrücken
Treten Sie mit der Ferse den Boden rund um die Rose leicht fest. Bei schwereren Böden reicht es auch aus, wenn Sie die Erde mit den Händen andrücken.

9

Der Gießwall
Beim Andrücken oder Antreten entsteht meist eine kleine Mulde. Vertiefen Sie diese etwas, dann fließt das Wasser beim Angießen dorthin, wo es hingehört: zu den Wurzeln.

10

Vorsorge für den Winter
Häufeln Sie die Rose gleich mit Kompost oder lockerer Gartenerde an, damit sie nicht austrocknet und die Minusgrade im Winter besser aushält.

einmal zur Grabegabel und lockern Sie die Ränder und den Boden des Pflanzlochs gut auf (→ Abb. 4, Seite 49).

Richtig einsetzen

Jetzt ist der große Moment da – die Rose kommt in die Erde! Doch auch beim Einpflanzen gibt es einiges zu beachten.

Ein letzter Schliff

- Wurzelnackte und folienverpackte Rosen sind nach dem Pflanzschnitt bereits fertig für die Pflanzung.
- Bei wurzelballierten Rosen wird das Verkaufsgefäß aus Pappe oder Torf bzw. das Drahtgeflecht oder Netz einfach mitgepflanzt, es verrottet mit der Zeit (→ Abb. 5, Seite 49). Beachten Sie dazu auch die Hinweise des Herstellers auf den jeweiligen Verkaufsgefäßen.
- Ziehen Sie Containerrosen vorsichtig aus dem Gefäß. Das geht recht leicht, da Sie die Pflanzen ja vorher gewässert haben. Das Wurzelgeflecht mit der Hand vorsichtig noch etwas auflockern (→ Abb. 6).

Die richtige Pflanztiefe

Stellen Sie nun die Rose möglichst senkrecht in das Pflanzloch und füllen Sie den Aushub locker wieder ein.

- Die Wurzeln sollten schön gleichmäßig und gerade im Pflanzloch verteilt sein. Das gewährleisten Sie, indem Sie immer wieder an der Pflanze rütteln, während Sie den Aushub in das Pflanzloch füllen.

Dadurch verteilt sich die Erde gut zwischen den Wurzeln bzw. rund um den Wurzelballen.

▪ Besonders wichtig: Die Veredlungsstelle muss etwa 5 cm tief unterhalb der Erdoberfläche zu liegen kommen (→ Abb. 7) – hier ist sie vor Frosteinwirkung im Winter und vor Hitze im Sommer geschützt. Bei Containerrosen kann man sich dabei ein bisschen helfen, indem man gerade so viel Erde in das Pflanzloch füllt, dass die Containerrose genau auf die passende Höhe kommt. Dann wird der restliche Aushub, wie oben beschrieben, um den Ballen herum verteilt.

▪ Steht die Rose schön im Pflanzloch? Sind die Wurzeln gut mit Erde umgeben? Dann treten oder drücken Sie die Erde vorsichtig noch etwas an (→ Abb. 8).

Schieflage gewünscht

Kletterrosen werden etwas anders gepflanzt:

▪ Legen Sie Kletterrosen so in das Pflanzloch hinein, dass ihre Triebe in einem Winkel von etwa 45 Grad zum Rankgerüst geneigt sind. Das erfordert ein etwas breiteres und weniger tiefes Pflanzloch.

▪ Halten Sie zu Mauern einen Abstand von mindestens 45 cm ein. Falls das Dach weiter herausragt, sollten Sie die Rose noch weiter von der Mauer entfernt einpflanzen, und zwar so, dass der Regen noch hinkommt, es aber nicht vom Dach heruntertropft.

▪ Legen Sie die Wurzeln in Verlängerung des Triebes schräg in den Boden, so dass sie gut in feuchtere Bodenbereiche hineinragen.

▪ Heften Sie nach dem Pflanzen die Triebe an das Gerüst und schützen Sie sie durch Reisigabdeckung vor Frost.

In raueren Gegenden können Sie die Triebe auch zu Boden legen und etwa 25 cm hoch mit lockerer Erde und Fichtenreisig abdecken. Das Aufbinden erfolgt dann erst im Frühjahr vor dem Austrieb.

▪ Schneiden Sie die Triebe direkt vor dem Aufbinden auf etwa 30–40 cm zurück.

So sichern Sie den Anwachserfolg

Ein paar weitere Handgriffe erleichtern das Anwachsen.

Gut angießen

Gießen Sie die neu gepflanzte Rose gut an. Füllen Sie dazu den angelegten »Gießwall« (→ Abb. 9) langsam mit Wasser. Warten Sie, bis es versickert ist, und wiederholen Sie den Vorgang noch ein bis zwei Mal. Das Wasser schlämmt langsam die Wurzeln mit Erde ein, die Lufträume verschwinden, die Wurzeln kommen nun überall gut mit der Erde in Kontakt.

Frostschutz: Anhäufeln

Zum Abschluss der Pflanzarbeit muss die Rose mit lockerer Erde oder einem Kompost-Erde-Gemisch angehäufelt werden (→ Abb. 10). Das schützt im Herbst die junge Pflanze vor Frost, aber auch im Frühjahr vor Wind und Sonne und somit vor drohender Austrocknung. Bei der Herbstpflanzung sollten Sie die angehäufelte Erde im März wieder entfernen, bei der Frühjahrspflanzung nach etwa acht Wochen.

Ganz wichtig: Frisch gepflanzte Rosen dürfen auf keinen Fall austrocknen! Ihre Wurzeln haben noch nicht ausreichend Boden erobert, um sich in Trockenperioden selbst versorgen zu können. Gießen Sie sie daher bei Bedarf – das gilt auch für die im Herbst gepflanzten Exemplare.

Praxisinfo

HOCHSTÄMMCHEN RICHTIG PFLANZEN

▪ Drehen Sie die Hochstammrose beim Pflanzen so, dass im Winter ausreichend Platz zum eventuellen Herunterbiegen über die Zapfenschnittstelle zur Verfügung steht (→ Seite 83).

▪ Die Zapfenschnittstelle verbleibt über der Erdoberfläche.

▪ Hochstämmchen brauchen einen Stützpfahl. Er sollte bis in das untere Drittel der Krone hineinreichen. Schlagen Sie ihn in der Hauptwindrichtung vor der Rose etwa 30–40 cm tief in den Boden ein.

PRAXIS

Wie Rosen im Kübel prima durchstarten

Mit ihren tief reichenden Pfahlwurzeln ist die Rose nicht gerade für die Topfkultur bestimmt. Wenn Sie ihr ein wenig entgegenkommen, ist ein Erfolg aber auch auf Balkon und Terrasse garantiert.

Rosen lassen sich auch in Topf und Kübel kultivieren, wenn Sie auf ihre Eigenheiten eingehen und einige grundsätzliche Dinge beachten:

WURZELNACKTE ROSEN IN TÖPFE PFLANZEN

J	F	M	A	M	J	J	A	S	O	N	D

Zeitbedarf:

- 20–30 Min. pro Rose

Material:

- Rosen, Rosenerde
- zylindrische Töpfe
- Tonscherbe, Blähton oder Kies als Drainage; Vlies
- Hornspäne bzw. Langzeitdünger

Werkzeug:

- Rosenschere, Handschaufel, Gießkanne

Das Pflanzgefäß sollte die richtigen Dimensionen haben. Rosen brauchen ein hochwertiges Substrat. Gehen Sie beim Eintopfen sehr sorgfältig vor.

Topfrosen haben Sonderwünsche

Beim Pflanzen von Rosen in Töpfe und Kübel müssen Sie in erster Linie dem tief reichenden Pfahlwurzelsystem gerecht werden.

Der Zylinder macht's

Rosen werden als Topfpflanze für Balkon und Terrasse immer beliebter. Da man dabei Rücksicht auf ihre langen Wurzeln nehmen muss, wundert es nicht, dass es inzwischen im Handel spezielle Gefäßformen für Rosen auf Balkon und Terrasse gibt. Diese so genannten »Rosentöpfe« zeichnen sich durch eine hohe, zylindrische Form aus.

- Egal, um was für eine Rosenklasse es sich handelt: Der Wurzelballen sollte auf allen Seiten im Gefäß etwa 10 cm Platz zur Wand haben.
- Bei Zwergrosen reichen Gefäßdurchmesser ab 25 cm aus. Für die anderen Rosenklassen sollten es schon 30–40 cm Durchmesser und eine Höhe von 50–60 cm sein.

Richtig einpflanzen

Verwenden Sie zum Pflanzen ein hochwertiges Substrat, das der Rose Halt gibt, ausreichend luftig ist und ein gutes Wasser- und Nährstoffspeichervermögen hat – am besten nehmen Sie gleich spezielle Rosenerde.

- Die Rosen vor dem Pflanzen gut wässern.
- Mischen Sie eine Hand voll Hornspäne in das Substrat.
- Füllen Sie auf dem Topfboden eine Schicht aus Kies oder Blähton ein (→ Abb. 2), damit überschüssiges Wasser gut ablaufen kann.
- Bedecken Sie diese Schicht mit einem Stück Vlies oder alter Gardine. Das verhindert, dass Erde in die Drainageschicht geschwemmt wird.
- Rauen Sie den Wurzelballen von Containerrosen etwas auf.
- Füllen Sie etwas Erde in den Topf (→ Abb. 3). Halten Sie dann die Rose in der richtigen Höhe fest: Die Veredlungsstelle sollte etwa 5 cm unterhalb der Substratoberfläche liegen.
- Füllen Sie nun rundum das Substrat ein und drücken Sie es etwas an. Achten Sie darauf, dass der Gefäßrand etwa zwei Finger breit über die Erde hinausragt, dann haben Sie es später mit dem Gießen leichter.

- Gießen Sie die Rose gut an. Die Nährstoffe im Substrat reichen für das erste Rosenjahr aus. Danach düngen Sie, wie im Kapitel »Topfrosenpflege« beschrieben, und topfen alle zwei Jahre um.

Der Trick mit dem Wurzelschnitt

In der englischen Rosenbaumschule »Robert Mattock Roses« wurde für Topfrosen ein spezielles Wurzelschnittverfahren entwickelt, das die Unterlagen veredelter, wurzelnackter Rosen dazu anregt, kompakter zu wachsen und mehr Faserwurzeln zu bilden. Das macht ihnen das Leben im Topf wesentlich leichter. Weil das Verfahren hierzulande nur wenig bekannt ist, soll es an dieser Stelle vorgestellt werden.

- Achten Sie darauf, dass Ihre Schere absolut scharf und sauber ist. Gerade Schnitte heilen schneller und laufen daher weniger Gefahr, eine Eintrittspforte für Krankheiten zu sein.
- Schneiden Sie die Hauptpfahlwurzel der gut gewässerten Rose so dicht an der Pflanze wie möglich ab (→ Abb. 1).
- Kürzen Sie auch die anderen, dicken Wurzeln etwas ein.
- Weil die Wurzeln durch den Schnitt in der nächsten Zeit weniger Wasser und Nährstoffe transportieren können, müssen Sie zum Ausgleich die Triebe auch noch etwas zurückschneiden (→ Abb. 4).
- Nach der Pflanzung wird gut angegossen und die Rose stets leicht feucht gehalten.

1 **Pfahlwurzel stark einkürzen**
Schneiden Sie die Hauptpfahlwurzel möglichst dicht an der Pflanze zurück und kürzen Sie auch die anderen, dicken Wurzeln etwas ein – das regt die vermehrte Bildung von Faserwurzeln an.

2 **Schichtarbeit im Kübel**
Hohe Töpfe in Zylinderform sind für die langen Pfahlwurzeln der Rose ideal. Um Staunässe zu vermeiden, füllt man vor der Pflanzung eine Schicht Kies und eine Tonscherbe in den Topf.

3 **Rosenerde einfüllen**
Während die Rose in einem Eimer mit Wasser gut gewässert wird, füllt man das Pflanzgefäß bis einige Zentimeter unterhalb des Rands mit hochwertiger Rosenerde.

4 **Kurze Wurzeln, kurze Triebe**
Da die Versorgung über die verkürzten Wurzeln verringert ist, sollten auch die Triebe kurz sein. Schneiden Sie auch dünne, schwächliche und beschädigte Triebe weg.

› FRAGE & ANTWORT

Expertentipps rund um die Rosenpflanzung

Eins, zwei, drei – im Allgemeinen ist die Pflanzung von Rosen keine Hexerei. Im Speziellen steht man gelegentlich vor Situationen, die bei den gängigen Pflanztipps nicht zur Sprache kommen. Ob man seine Rose beim Umzug mitnehmen kann und wie ein Rambler in den Baum kommt, lesen Sie hier.

? Ist eine Einsaat von Gründünger-Arten vor der Rosenpflanzung zu empfehlen?

Wenn Sie sich die Zeit nehmen möchten und können, dann ist es eine gute Idee, ab April vor der geplanten Herbstpflanzung einen Gründünger auszusäen. Vor allem schwerere Böden werden durch die Wurzeln der Gründüngerpflanzen tiefgründig gelockert und die Krümelstruktur verbessert. Außerdem findet auch eine Humusanreicherung statt – ein Vorteil für alle Rosenböden. Als Gründünger kommen z. B. Gelbsenf oder Gelbe Lupine in Frage. Letztere ist vor allem gut für sandige Böden und reichert diese außerdem noch mit Stickstoff an.
Für Stellen, an denen vorher Rosen oder Rosengewächse gestanden haben, besteht ja vor allem auf leichten Böden die Gefahr der Bodenmüdigkeit (→ Seite 46). Als Alternative zum Bodenaustausch wird von Fachkreisen empfohlen, Hohe Studentenblume (*Tagetes erecta*) als Gründüngungspflanze einzusäen. Die Bodenmüdigkeit wird u. a. von schädlichen Wurzelälchen (Nematoden) verursacht. Diese warten in Überdauerungsformen im Boden nur darauf, dass wieder ein Rosengewächs in ihre Nähe kommt, dessen Wurzeln sie befallen können. Speziell die Hohe Studentenblume (und keine andere der Studentenblumen-Arten!) gaukelt den Nematoden mit ihren Wurzelausscheidungen vor, dass wieder eine Wirtspflanze in ihrer Nähe ist. Also schlüpfen die Nematoden aus – und gehen ein, weil die hübsche Sommerblume nicht zu ihren Wirtspflanzen zählt.
Falls Sie sich für eine Einsaat von Studentenblumen entscheiden, sollten Sie die Pflanzstelle, so wie für die Rosen auch, sorgfältig vorbereiten. Besonders wichtig ist, dass sämtliches Unkraut entfernt wird – und das über den ganzen Sommer: Es könnte den Nematoden als Wirt dienen. Die Aussaat der Studentenblumen erfolgt nach den Eisheiligen Mitte Mai – sie sind frostempfindlich. Es heißt, dass die gesundende Wirkung für den Boden innerhalb von 3–4 Monaten einsetzt. Im Herbst werden die Gewächse an Ort und Stelle einfach untergegraben, liefern also auch noch wertvolle organische Substanz.

? Ich ziehe um und möchte meine sechs Jahre alte Strauchrose mit in den neuen Garten nehmen. Geht das überhaupt?

Normalerweise vertragen Rosen eine Umpflanzaktion recht gut. Je länger sie bereits an ihrem Platz stehen, desto schwerer fällt es ihnen aber, am neuen Standort einzuwachsen. Das liegt daran, dass der Anteil an feinen Faserwurzeln bei älteren Rosen geringer ist als bei jüngeren Exemplaren. Bis zu vier Jahre stehende Rosen sind unproblematisch, aber auch bei sechs Jahren Standzeit müsste Ihnen der Umzug Ihrer Rose gelingen. Wichtig ist, dass möglichst viele der tief reichenden

Wurzeln, vor allem die feinen Faserwurzeln, erhalten bleiben. Umpflanzen sollten Sie vorzugsweise im späten Herbst, zur Not auch noch im März/April.

- Kürzen Sie zunächst die Triebe auf etwa 20 cm ein.
- Stechen Sie im Abstand von 25 cm um die Pflanze mit einem Spaten senkrecht und möglichst tief eine Art Wurzelballen aus.
- Heben Sie den Wurzelballen vorsichtig mit der Grabegabel aus dem Boden heraus, und wickeln Sie ihn in ein Leinen- oder Jutetuch ein, damit er während des Transports nicht austrocknen kann. Fällt ein Teil der Erde ab, stört das nicht weiter – es geht darum, möglichst viele Wurzeln zu erhalten.
- Pflanzen Sie die Rose am neuen Standort fachgerecht wieder ein, und häufeln Sie gut an, um sie vor dem Austrocknen zu schützen!

Auf die gleiche Weise kann man Kletter- und Wildrosen umpflanzen. Bei Beet- und Edelrosen funktioniert der Umzug auch ohne Erdballen ganz gut.

? Ich möchte einen Rambler in einen Baum wachsen lassen. Muss ich bei der Pflanzung etwas Besonderes beachten?

Achten Sie darauf, dass die Wuchsstärke des Ramblers zum Baum passt. Für kleinere Bäume eignet sich z. B. 'Goldfinch'; für größere 'Bobbie James', 'Kiftsgate' und 'Rambling Rector'. Ideal sind ältere Obstbäume mit einem Stammdurchmesser von 30–40 cm, die das mit der Zeit beträchtliche Gewicht der Kletterrose sicher tragen können. Pflanzen Sie den Rambler mit mindestens 1 m Entfernung vom Stamm ein. Wählen Sie dabei die Stammseite, die zur Hauptwindrichtung weist. Dann steht der Rambler zum einen nicht im Regenschatten, zum andern werden die Triebe dann vom Wind eher zum Baum hin- als von ihm weggeweht. Führen Sie in den ersten Jahren die Triebe z. B. an Bambusstäben, die hinter der Rose in der Erde stecken, zum Baum hin.
Später hält der Rambler sich mit seinen Stacheln von selber an der Rinde fest. Er wächst immer dem Licht entgegen und lässt den alten Obstbaum innerhalb von wenigen Jahren neu erblühen.

? Soll ich bei der Pflanzung von Rosen den Boden mit Torf verbessern?

Torf wurde bei der Rosenpflanzung gern zur Bodenverbesserung verwendet. Es hat sich jedoch gezeigt, dass er die Struktur weniger positiv beeinflusst, als angenommen. Zudem ist er sehr nährstoffarm und bewirkt eine saure Bodenreaktion – beides ist für Rosen nicht von Vorteil. Dazu kommt, dass Torf ein nachwachsender Rohstoff ist, der mit Bedacht verwendet werden sollte. Für die Verbesserung der Bodenstruktur und die Erhöhung des Humusgehaltes ist gut ausgereifter Gartenkompost sehr viel besser geeignet – und auch billiger.

? Worauf sollte ich bei der Auswahl von Pflanzgefäßen für Topfrosen achten?

Mit das Wichtigste ist eine hohe Zylinderform für die tief reichenden Wurzeln. Bedenken Sie außerdem, dass die Töpfe über den Winter draußen bleiben und daher frostfest sein müssen. Achten Sie auf gute Qualität! Geeignet sind bei hohen Temperaturen gebrannte Terrakottagefäße, Steingut und glasierte Keramik. Wasser dehnt sich beim Gefrieren aus. Deshalb ist es besser, wenn die Gefäße nach oben etwas breiter werden: Dann laufen Sie weniger Gefahr, dass der Topf gesprengt wird, weil sein Inhalt etwas nach oben rutschen kann. Kunststoffgefäße sind zwar flexibel, haben aber keine isolierende Wirkung; in ihnen kann es den Rosen im Sommer sehr schnell zu warm, im Winter zu kalt werden.

? Mein Hochstämmchen auf der Terrasse wird oft vom Wind umgeblasen. Was kann ich tun, damit es standfester wird?

Für Hochstammrosen sollte das Pflanzgefäß auf jeden Fall aus einem schwereren Material sein (hochwertige Terrakotta, Steingut, glasierte Keramik, Metall). Wenn das Gefäß einen etwas breiteren Fuß hat, steht es sicherer, auch wenn es sich nach oben etwas erweitert.
Wenn Sie einen ca. 70 cm hohen Topf verwenden, können Sie auch einige Steine auf den Topfboden legen. Das erhöht das Gewicht und damit die Standfestigkeit. Positiver Nebeneffekt: Die Steine dienen gleichzeitig als Drainage; überflüssiges Gieß- und Regenwasser kann ablaufen.
Decken Sie die Steine vor dem Einfüllen der Rosenerde mit einem Vlies ab. Das verhindert, dass die Erde zwischen die Steine geschwemmt wird.

Rosen aus eigener Vermehrung

Aus eins mach zwei. Oder noch mehr – je nachdem, was gerade gebraucht wird. Während Baumschulen hohe Stückzahlen produzieren müssen, möchte der Hobbygärtner einfach nur eine Sorte erhalten oder verschenken. Zudem macht es Spaß, sich einmal selbst in der Kunst der Vermehrung zu versuchen!

Schon immer war es etwas Besonderes, Pflanzen selbst heranzuziehen. Auch – und vielleicht ganz besonders bei den kostbaren Rosen – erscheint es wie ein kleines Wunder, wenn ein einfaches Triebstück bewurzelt und zu einer neuen, eigenständigen Gartenschönheit heranwächst.

Wie Sie aus einer Rose mehrere machen

Bei der Vermehrung im großen Stil, wie sie in den Rosenbaumschulen praktiziert wird, steht die Veredlung über Augen (→ Seite 62) im Vordergrund. Diese Art der Vermehrung – Okulation genannt – hat sich deshalb durchgesetzt, weil damit vergleichsweise schnell große Stückzahlen produziert werden können. Abgesehen davon verleiht die Wurzelunterlage den Edelsorten erwünschte Eigenschaften wie Widerstandsfähigkeit gegen Frost und Krankheiten. Außerdem stehen nach der Okulation – anders als bei der Vermehrung über Stecklinge, Steckhölzer, Absenker oder Ausläufer – gleich kräftigere Pflanzen für den Verkauf zur Verfügung.

Zurück zu den Wurzeln

Beim Hobbygärtner spricht jedoch nichts dagegen, sich wieder der »alten« Vermehrungsmethoden zu entsinnen: Früher wurden die Rosen vor allem über Steckhölzer und Stecklinge (→ Seite 58), Absenker oder Ausläufer (→ Seite 60) vermehrt. Diese Vermehrungsarten sind relativ unkompliziert und bei guter Durchführung auch bei Hobbygärtnern erfolgversprechend. Nicht sinnvoll sind diese Vermehrungsmethoden lediglich bei Rosenklassen, die für ein dauerhaftes gesundes und kräftiges Wachstum auf die Wurzelunterlage angewiesen sind, wie dies z. B. bei den Edelrosen der Fall ist.

Zwar stehen die meisten Rosen unter Sortenschutz und dürfen zum Verkauf nur mit Erlaubnis des jeweiligen Züchters und gegen Bezahlung einer Lizenzgebühr vermehrt werden. Das Heranziehen einiger Pflanzen für den Eigenbedarf im Hausgarten ist jedoch gestattet.

Während Vermehrung über Samen eine langwierige Sache ist, kommt man mit Stecklingen bei Rosen schneller zum Ziel.

› PRAXIS

Nachwuchs aus Steckhölzern und Stecklingen

Was bei vielen Pflanzen klappt, funktioniert auch bei der Rose: Triebteile werden abgeschnitten und anschließend bewurzelt. Eine prima Methode, wenn man gleich mehrere Exemplare nachziehen möchte!

Während Steckhölzer aus ausgereiften Triebstücken der Rose gewonnen werden, bestehen Stecklinge aus halbausgereiften Trieben. Sie bewurzeln schnell, müssen aber über den ersten Winter frostfrei gestellt werden – benötigen daher etwas mehr Aufmerksamkeit als die Steckhölzer.
In Gegenden mit rauerem Klima und sehr kalten Wintern ist die Vermehrung über Stecklinge sicherer als die über Steckhölzer. Außerdem ist dies eine gute Vermehrungsmethode für Zwergrosen, die für die Kultur in Pflanzgefäßen vorgesehen sind. Auch Wild- und Flächenrosen können gut über Stecklinge vermehrt werden.

Neue Rosen aus Steckhölzern

Die Angehörigen einiger Rosenklassen können Sie ganz unkompliziert über Steckhölzer vermehren – sie stehen dann auf der eigenen Wurzel.

- Vor allem **Rambler** eignen sich gut zur Steckholz-Vermehrung, u.a. auch deshalb, weil ihre langen Triebe viel Vermehrungsmaterial abgeben.
- Bei **Strauch**- und **Zwergrosen** ist eine Veredlung auf Wurzelunterlagen (→ Seite 62) auch nicht immer erforderlich. Im Gegenteil: Zwergrosen z.B. passen durch das schwächere Wurzelwachstum viel besser in Töpfe und Kübel.
- Bei **Flächenrosen** ersparen Sie sich durch den Verzicht auf die Veredlung das mühselige Entfernen von Wildtrieben aus der Unterlage.
- Bei **Edelrosen** ist die Vermehrung über Steckhölzer weniger von Erfolg gekrönt. Sie sind für gutes Gedeihen auf die stärkenden Eigenschaften der Wildlingswurzeln angewiesen.

Steckhölzer schneiden

Schneiden Sie immer ein paar mehr Steckhölzer, als sie brauchen, falls das eine oder andere doch nicht angeht.

- Steckhölzer werden am besten im Spätherbst, meist Ende November, abgenommen. Ein weiterer möglicher Termin ist das zeitige Frühjahr.
- Verwenden Sie zum Schneiden ein scharfes, sauberes Messer. Eine Gartenschere geht auch, sie muss dann aber sehr scharf sein, weil die Triebe sonst leicht gequetscht werden.

Einrichten der Kinderstube

- Wenn Sie mehrere Exemplare heranziehen wollen, dann suchen Sie sich im Garten eine Stelle für den Steckholznach-

Praxisinfo

ROSEN AUS STECKLINGEN ZIEHEN

- Im Juni/Juli halbreife Triebe mit Blütenknospen wählen.
- Knospe abschneiden. Stecklinge mit 2–3 Augen unterhalb eines Blattansatzes auf etwa 10 cm kürzen.
- Das unterste Blatt abnehmen und die Stecklinge einige Zentimeter tief in Töpfe mit Anzuchterde stecken. Mit einer Folie als Verdunstungsschutz abdecken.
- Nach der Bewurzelung umtopfen. Frostfrei überwintern.
- Im Frühjahr an Ort und Stelle auspflanzen.

1

Die »Bleistiftregel«
Wählen Sie als Steckhölzer ausgereifte, gesunde Triebe, die im Sommer geblüht haben. Die Hölzer sollten etwa bleistiftdick sein. Legen Sie die Hölzer bis zum Stecken in einen Plastikbeutel, dann trocknen sie nicht aus.

2

Der Markierungstrick
Markieren Sie das obere und das untere Ende der 20 cm langen Steckhölzer, damit Sie später auch noch wissen, wie herum Sie die Hölzer in die Erde stecken müssen. Schneiden Sie dazu das obere Ende gerade, das untere schräg ab.

3

Die richtige Stecktiefe
Lockern Sie die Erde dort, wo gesteckt werden soll, etwas auf. Stecken Sie die Triebstücke so tief in die Erde, dass die oberste Knospe gerade noch herausschaut. Damit verhindern Sie, dass der Trieb austrocknet.

wuchs aus, die vor praller Mittagssonne gut geschützt ist.

- Wenn Sie nur eine Rose nachziehen wollen, ist es sinnvoll, die Hölzer gleich an den geplanten Standort zu stecken. Dann stören Sie das Wachstum nach der Bewurzelung nicht durch einen Verpflanzschock.
- Lockern Sie die »Kinderstube« vor dem Steckholz-Schnitt mit der Grabegabel gut auf.

Vorbereitung der Triebe

- Wählen Sie gesunde, ausgereifte, diesjährige Triebe aus (→ Abb. 1).
- Entfernen Sie alte Blütenköpfe und eventuell noch anhaftende Blätter.
- Die Steckhölzer sollten eine Länge von 20 cm haben. Bei Steckhölzern von Zwergrosen reichen auch etwa 10 cm aus.
- Schneiden Sie den Trieb etwa 1–2 cm über dem oberen Auge ab. Am unteren Ende schneiden Sie den Trieb knapp unterhalb eines Auges (→ Abb. 2).

Einstecken in die Erde

Die geschnittenen Steckhölzer sollten nicht lange herumliegen, sondern so schnell wie möglich in die Erde kommen.

- Stecken Sie die Hölzer so tief in den Boden, dass das obere Auge gerade noch herausschaut (→ Abb. 3).
- Stecken Sie die Hölzer nicht zu dicht. Sie sollten einen Abstand von mindestens 10 cm voneinander haben, damit Sie sie später zum Umpflanzen noch gut einzeln aus dem Boden nehmen können.
- Drücken Sie die Erde etwas fest und gießen Sie die Steckhölzer an. Halten Sie die Steckhölzer vor allem bei Trockenperioden immer leicht feucht – aber nicht nass!

Bei Austrieb Erfolg

Treibt das oberste Auge der Steckhölzer im darauf folgenden Frühjahr aus, dann ist die Bewurzelung gelungen.

- Wenn Sie den Nachwuchs über dem dritten Blatt entspitzen, entwickelt er sich buschiger. Wiederholen Sie dies noch einige Male.
- Gießen Sie die Pflanzen über den Sommer, falls erforderlich, und brechen Sie die Blütenknospen aus, sie rauben Kraft, die besser in das Triebwachstum investiert wird.
- Im Spätherbst, wenn die Rosen ca. 25 cm groß sind, kann man sie verpflanzen.

› PRAXIS

Unkompliziert vermehren: Ausläufer und Absenker

Bei diesen kinderleichten Vermehrungsmethoden hilft die Rosenmutter bei der Erzeugung des Nachwuchses kräftig mit. Dafür müssen die Pflanzen bestimmte Voraussetzungen mitbringen.

Vermehrt man Pflanzen über Ausläufer oder Absenker, hängt der Nachwuchs sozusagen noch an der »Nabelschnur« der Mutterpflanze.

- **Ausläufer** (→ Praxisinfo) sind Sprosse, die unterirdisch auf Wanderschaft gehen. Sie besitzen Augen, die austreiben und sich bewurzeln. Daraus kann man eigenständige Pflanzen gewinnen. Das geht natürlich nur bei Rosen, die auf eigener Wurzel stehen – ansonsten handelt es sich bei den Ausläufern ja um Sprosse der Wildlingsunterlage. Deshalb spielt diese Vermehrungsmethode hauptsächlich eine Rolle bei Ausläufer bildenden Wildrosen. Dazu gehören z. B. die Glanzblättrige Rose (*Rosa nitida*), die Bibernellrose (*Rosa spinossissima*), die Essigrose (*Rosa gallica*), die Weinrose (*Rosa rubiginosa*) sowie die Kartoffelrose (*Rosa rugosa*) und ihre Hybriden.
- Bei **Absenkern** muss man die Rose dagegen ein bisschen »überreden«, einen Trieb zu bewurzeln, den man danach von der Mutterpflanze trennt.

Zu Boden gebogen

Wie der Ausdruck »Absenker« schon vermuten lässt, beruht diese Vermehrungsmethode darauf, dass man einen Trieb auf den Boden herunterbiegt, wo er im Lauf von einigen Monaten dann Wurzeln treibt. Bis dahin wird der Trieb von der Mutterpflanze mit Wasser und Nährstoffen versorgt.
Das Absenken klappt natürlich am besten mit Rosen, die lange und weiche Triebe haben, wie z. B. Kletter- und Strauchrosen sowie einige Wildrosen. Auch flach wachsende Flächenrosen eignen sich für diese Vermehrungsmethode. Manche Sorten bewurzeln niederliegende Triebe, die Bodenkontakt haben, sogar ohne weitere Unterstützung von selbst. Alte Rosen mit lockerem, überhängenden Wuchs sind ebenfalls gut über Absenker zu vermehren. Dazu gehören z. B. Sorten der Damaszener-, der Bourbon- und der Alba-Rosen.

Mit etwas »Überredungskunst« geht's besser

- Wenn Sie eine Rose über Absenker vermehren möchten, dann biegen Sie im zeitigen Frühjahr probehalber einen kräftigen, reifen, aber noch weichen Trieb bogenförmig auf den Boden herab (→ Abb. 1).
- Markieren Sie die Stelle, an der der Trieb die Erde berührt. Lockern Sie hier den Boden

Praxisinfo

DIE VERMEHRUNG ÜBER AUSLÄUFER

- Die durch Ausläufer entstandenen Randtriebe einer Rose kann man im Frühjahr vor dem Austrieb (März) von der Mutterpflanze abtrennen.
- Stechen Sie diese Pflanzen mit einem Spaten ab.
- Schneiden Sie die Triebe vor einer Neupflanzung auf etwa 25 cm Länge zurück. Dies fördert die Verzweigung.
- Pflanzen Sie den Nachwuchs sofort wieder an eine entsprechend vorbereitete Stelle (→ Pflanzung Seite 48).

mit der Grabegabel, und verbessern Sie ihn, wenn es nötig sein sollte (→ Seite 46).

- Biegen Sie den Trieb erneut nach unten, und stellen Sie fest, wo er Kontakt mit dem Boden hat. An dieser Stelle schneiden Sie den Trieb mit einem scharfen Messer schräg etwa 2,5 cm lang ein. Klemmen Sie nun ein Hölzchen oder Steinchen in den Schnitt, damit sich der Schnitt nicht wieder schließt (→ Abb. 2).
- Befestigen Sie den so präparierten Triebbogen schließlich sicher am Boden (→ Abb. 3). Die angeschnittene Stelle sollte etwa 5 cm tief in der Erde liegen. Häufeln Sie dann noch ein wenig Kompost oder ein Erde-Sand-Gemisch darüber (→ Abb. 4).

Über den Sommer werden Rosenkinder zu Rosen

Nun können Sie den Absenker sich selbst überlassen. Halten Sie lediglich die Stelle immer leicht feucht. In der Regel bewurzeln sich die Triebe um die Schnittstelle herum über die Sommermonate. Am besten belässt man sie jedoch bis zum darauf folgenden Frühjahr an ihrer »Nabelschnur«.

- Graben Sie den Rosennachwuchs jetzt vorsichtig aus.
- Trennen Sie ihn mit einer scharfen Schere oder einem scharfen Messer von der Mutterpflanze, indem Sie ihn unterhalb eines Auges mit gut ausgebildeten Wurzeln abschneiden.
- Jetzt können Sie die neue Rose an die geplante Stelle im Garten pflanzen (→ Seite 48).

1

Den Absenker auswählen
Wählen Sie im zeitigen Frühjahr oder im Spätherbst einen leicht verholzten, weichen Trieb als Absenker aus. Entfernen Sie im Spätherbst vorsichtig eventuell noch anhaftende Blätter.

2

Anschnitt des Triebes
Biegen Sie den Trieb zu Boden, und schneiden Sie ihn dort, wo er den Boden berührt, mit einem Messer ein. Klemmen Sie in den Schnitt ein Steinchen oder Hölzchen, damit er offen bleibt.

3

Absenker befestigen
Fixieren Sie den Absenker vor und hinter der Schnittstelle mit kleinen Astgäbelchen oder Haken – ohne ihn zu knicken oder zu beschädigen – sicher am Boden.

4

Abtrennen der Jungpflanze
Absenker mit Erde abdecken und feucht halten. Im folgenden Frühjahr oder Herbst hat sich der Absenker bewurzelt, und Sie können ihn von der Mutterpflanze abtrennen.

› PRAXIS

Riskieren Sie bei Rosen ruhig einmal ein Auge!

Die Profis vermehren ihre Rosen in erster Linie über die Okulation – das Einsetzen von Edelaugen in eine Wurzelunterlage. Mit ein bisschen Geschick und Geduld können Sie es ihnen gleichtun!

Bei der Okulation wird der Edelsorte ein schlafendes Auge, also eine Triebknospe, entnommen und in die Rinde der Wurzelunterlage eingesetzt. In Profibetrieben dient die Okulation oder Veredlung dazu, in kurzer Zeit große Stückzahlen einer bestimmten Rosensorte zu produzieren.

Unterlagen machen stark und gesund

Als Unterlage dienen meist Wildrosen, wie *Rosa corymbifera* 'Laxa', die Vielblütige Rose (*R. multiflora*) oder die Hundsrose (*R. canina*), die durch ihr kräftiges Wurzelsystem die Edelsorte gut mit Wasser und Nährstoffen versorgen können. Zudem erhöhen sie die Frosthärte und Widerstandsfähigkeit gegen Krankheiten. Wildlingsunterlagen erhalten Sie bei Spezialvermehrern (→ Adressen Seite 126), die sie im Oktober roden, nach Wurzelhalsstärken sortieren und dann versenden.

Die Veredlungsunterlage

Bei einer Okulation wird der Edelsorte ein schlafendes Auge, also eine Triebknospe, entnommen und in die Rinde der Wurzelunterlage eingesetzt.

- Sie brauchen zunächst geeignete Wurzelunterlagen mit einem Wurzelhalsdurchmesser von 6–12 mm.
- Halten Sie die Veredlungsunterlagen nach ihrem Eintreffen frostfrei und schneiden Sie Wurzeln und Triebe auf etwa 15 cm zurück. Die Pflanzen dürfen auf keinen Fall austrocknen und müssen bis zum Setzen feucht eingeschlagen werden. Im Herbst gelieferte Unterlagen schlägt man bis zum Frühjahr in feuchten Sand im Garten ein.
- Die Unterlagen werden im Frühjahr an einem vor Sonne und Wind geschützten Platz in lockeren Boden gepflanzt.
- Achten Sie darauf, dass der Wurzelhals über der Erde steht, häufeln Sie ihn aber gut an, damit er geschützt ist.

Edelreiser schneiden

Okuliert wird an einem heißen Tag in der Zeit von Mitte Juli bis Mitte August.

- Schneiden Sie zunächst die Edelreiser, von denen Sie die Augen abnehmen möchten. Verwenden Sie dazu ausgereifte, diesjährige Triebe.
- Schneiden Sie vorsichtig das Laub ab und hüllen Sie die Reiser zum Schutz vor Austrocknung in feuchte Küchentücher.
- Entfernen Sie die Stacheln an den Trieben erst kurz vor der Okulation, und achten Sie darauf, dass die Triebrinde dabei nicht verletzt wird.

Veredlung vorbereiten

- Legen Sie den Wurzelhals der Unterlage frei und reinigen Sie ihn mit einem Tuch (→ Abb. 1).

1

Die Unterlage vorbereiten Säubern Sie den Wurzelhals der Unterlage mit einem Lappen. Schneiden Sie erst quer und dann längs, so dass ein T-Schnitt entsteht. Dabei darf nur die Rinde durchtrennt werden.

- Schneiden Sie den Wurzelhals vorsichtig T-förmig ein.
- Nun wird das Edelauge abgenommen (→ Abb. 2). Hierzu gibt es spezielle Okulationsmesser im Fachhandel. Halten Sie das Reis so, dass das Auge mit der Spitze zu Ihnen zeigt. So können Sie das Messer kontrolliert durch das Holz in Ihre Richtung ziehen.
- Wenn das Auge abgeschnitten ist, entfernen Sie das noch an der Rinde haftende Holzstückchen. Wenn es sich um das Auge herum wie eine kleine Gabel ablöst, haben Sie es richtig gemacht: Das Auge wurde nicht verletzt.
- Jetzt können Sie das Edelauge in die Rindentasche am Wurzelhals der Unterlage einsetzen (→ Abb. 3). Achten Sie unbedingt darauf, dass das offene Pflanzengewebe nicht beschmutzt wird.
- Verbinden Sie die Veredlungsstelle zügig mit einem Okulations-Schnellverschluss (→ Abb. 4) oder Veredlungsband. Bei guter Witterung wächst das Auge in rund 14 Tagen an.

So geht's weiter

Häufeln Sie die veredelte Rose im Herbst bis oberhalb der Veredlungsstelle an. Im Frühjahr wird abgehäufelt und die Triebe der Wildrose über dem Edelauge abgeschnitten. Sobald das austreibende Edelauge 3–4 Blätter gebildet hat, entspitzen Sie den Trieb, um die Seitentriebbildung zu fördern. Entfernen Sie die Wildtriebe, die aus der Unterlage treiben.

EINE ROSE DURCH OKULIEREN VEREDELN

J	F	M	A	M	J	J	A	S	O	N	D

Zeitbedarf:

- 15–20 Min. pro Auge

Material:

- Wurzelunterlage
- Edelreiser für die Gewinnung der Augen

Werkzeug, Zubehör:

- scharfes Messer bzw. Okuliermesser, Pinzette
- Küchenhandtücher, Lappen
- Okulations-Schnellverschluss

2

Das Edelauge abnehmen
Schneiden Sie schräg gegen die Wuchsrichtung und führen Sie das Messer 1–2 mm unterhalb des Auges durch das Holz. Wenn Sie ca. 2 cm unterschnitten haben, dann ziehen Sie den Rest mit der Rinde ab.

3

Einsetzen des Edelauges
Heben Sie mit der Messerspitze zu beiden Seiten die Rinde an, so dass sich der T-Schnitt etwas öffnet. Schieben Sie das Edelauge (vorher Holzteil aus dem Auge entnehmen) hinein, bis es fest in der Rindentasche liegt.

4

Die Okulationsstelle verbinden
Schneiden Sie das Rindenfähnchen am Edelauge bündig mit der Veredlungsstelle ab. Verbinden Sie das Auge mit einem Okulations-Schnellverschluss (→ Abb.), wird das Auge bedeckt, bei Veredlungsband bleibt es frei.

› FRAGE & ANTWORT

Expertentipps rund um die Vermehrung

Die eigene Vermehrung von Rosen ist unter Hobbygärtnern nicht unbedingt üblich. Dementsprechend steht man da schon einmal unversehens vor einer Unklarheit, z. B. was die Wahl der Unterlage betrifft. Hier finden Sie viele Zusatzinformationen, die manches Problem veranschaulichen können.

? Welche Vor- und Nachteile haben die am meisten verbreiteten Rosenunterlagen?

Als Wurzelunterlage ist die Selektion der Wildart *Rosa corymbifera* 'Laxa' am meisten verbreitet. Sie wird vor allem bei Teehybriden, Beet- und Kletterrosen eingesetzt. Ihre Vorteile sind die gute Verträglichkeit mit den Edelsorten und ein gerader Wurzelhals mit dicker Rinde, der ideal für die Veredlung ist. Diese Selektion neigt nur wenig zur Bildung von Wildtrieben. Ihr Nachteil ist eine hohe Empfindlichkeit gegenüber Bodenmüdigkeit.
In Norddeutschland und Skandinavien ist die Vielblütige Rose (*Rosa multiflora*) verbreitet. Auf ihr veredelte Rosen wachsen stärker und haben intensivere Blütenfarben, v. a. bei den Rosatönen. Anders als *Rosa* 'Laxa' wächst sie auch bei niedrigeren Temperaturen. Sie hat jedoch den Nachteil, dass die Veredlungen bei Wind leichter ausbrechen können.
Stammrosen veredelt man traditionell auf die Hundsrose (*Rosa canina*) der Sorte 'Pfänder' oder der Sorte 'Schreiber' (Letztere bildet schönere, dickere Stämme).

? Muss ich den Okulations-Schnellverschluss entfernen, sobald das Auge austreibt?

Das ist weder nötig noch ratsam: Sie könnten dabei das frisch angewachsene Auge beschädigen. Die im Fachhandel erhältlichen Schnellverschlüsse für die Okulation bestehen aus biologisch abbaubarem Gummi. Sie fallen mit der Zeit von selber ab.
Manchmal wird empfohlen, die Veredlungsstelle mit Bast zu verbinden und dabei das Auge frei zu lassen. Auch Bast verrottet mit der Zeit, allerdings – je nach Herkunft – mehr oder weniger schnell. Er kann nicht »mitwachsen«, wie der Gummi-Schnellverschluss, und wird leicht zu eng. Sie sollten daher 4–5 Wochen nach der Veredlung den Bast an der Rückseite vorsichtig aufschneiden.

? Meine Freundin hat sich gerade eine Strauchrose gekauft, die mir gut gefällt. Sie ist noch nicht sehr groß. Reicht es aus, wenn ich davon nur ein Steckholz mache?

Grundsätzlich können Sie das riskieren: Zum einen klappt die Vermehrung über Steckhölzer in der Regel recht gut. Zum anderen können Sie es bei einem Misserfolg noch einmal probieren – die Rose wird bis dahin ja sogar noch größer. Sicherer ist es natürlich, wenn Sie drei oder gar fünf Steckhölzer zur Vermehrung richten. Wenn mehrere anwachsen, haben Sie zudem etwas Schönes zum Weiterverschenken.

? Könnte man Rosen auch über Aussaat vermehren?

»Ja und nein« muss hier die Antwort lauten.
Nein, weil viele Sorten gar keine Hagebutten ansetzen. Dies gilt insbesondere für eine ganze Reihe von gefüllten Sorten der Beet-,

Edel- und Kletterrosen. Anders ist dies mit den meisten Wildarten, die sich in der Natur schließlich über Samen vermehren.
Ja, denn viele Züchter erhalten nur durch Aussaat Pflanzen mit neuen Blütenfarben und neuen erwünschten Eigenschaften. Was für den Züchter die Grundlage für neue Sorten ist, kommt dem Hobbygärtner eher ungelegen: Die Nachkommen aus Samen fallen nicht sortenecht und sehen anders aus als die Mutterpflanze. Wer es dennoch versuchen möchte, braucht viel Geduld:
Die Samen unterliegen einer Keimruhe, die erst durch Kälteeinwirkung gebrochen wird. Das dauert unter Umständen anderthalb Jahre oder länger. Profis wenden einen Trick an, um die Keimruhe schneller zu brechen: Sie unterwerfen die Samen einer Kältebehandlung.

- Nehmen Sie reife Hagebutten ab. Entfernen Sie die fleischige Fruchthülle, holen Sie die haarigen Samenkörnchen heraus.
- Ausgesät wird am besten im Frühjahr. Mischen Sie entsprechende Zeit vorher den Samen in einem Folienbeutel mit feuchtem Torf oder Kompost. Bewahren Sie ihn 2–3 Tage bei Zimmertemperatur auf und legen Sie ihn dann für 4–6 Wochen in einen 4 °C kalten Kühlschrank.
- Legen Sie dann die Körnchen in sandige Aussaaterde und decken Sie sie mit einer dünnen Schicht Sand zu.
- Bringen Sie die Saatgefäße bis zur Keimung an einer kühlen Stelle, z. B. im Frühbeetkasten, unter.
- Sobald die Sämlinge das erste echte Blattpaar entwickelt haben, sollten Sie die Pflänzchen in Töpfchen vereinzeln und dann wieder ins Frühbeet stellen.
- Hat der Nachwuchs die Töpfe gut durchwurzelt, wird er schrittweise ans Freie gewöhnt, falls nötig, noch einmal in Rosenerde umgetopft und schließlich in den Garten gepflanzt.

? Ich habe versucht, meine Rose über einen Absenker zu vermehren, aber er will nicht bewurzeln. Woran liegt das?

Vielleicht ist der Boden zu trocken. Halten Sie die entsprechende Stelle immer ein wenig feucht, aber keinesfalls nass. Oft bewurzeln sich die Absenker auch leichter, wenn man die Erde an der Bewurzelungsstelle vorher verbessert, bei schweren Böden z. B. durch Untermischen von Sand und humoser Pflanzerde. Sie können aber auch ein Pflanzgefäß mit einem hochwertigen Substrat in den Boden einsenken und den Absenker an der Biegungsstelle darauf festklammern.

? Ist es sinnvoll, Rosenstecklinge vor dem Stecken mit einem speziellen Bewurzelungshormon zu behandeln?

Normalerweise bewurzeln Rosenstecklinge relativ leicht, so dass die Verwendung eines Bewurzelungshormons nicht unbedingt nötig ist. Wer auf Nummer sicher gehen möchte, kann sich jedoch im Fachhandel ein solches Präparat besorgen. Die für den Hobbygärtner zugelassenen Produkte sind so genannte Pflanzenkräftigungsmittel bzw. Bodenhilfsstoffe. Sie bestehen aus einem Pulver, das man mit der Anzuchterde mischt. Man kann die Stecklinge auch mit der Schnittfläche in das Pulver stippen und sie dann stecken. Die Mittel sollen Extrakte enthalten, die den Bewurzelungsvorgang fördern und die Stecklinge mit Nährstoffen versorgen.

? Wie lange dauert es, bis aus einem Steckling eine »richtige« Zwergrose geworden ist?

Bis ein Steckling zu einer Zwergrose heranwächst, können drei Jahre ins Land gehen. Stutzen Sie die Pflanze in dieser Zeit immer wieder einmal, damit die Rose buschiger wird. Ein alter Gärtnertrick kann Ihnen jedoch schneller zum Erfolg verhelfen: Wenn Sie mehrere Stecklinge in einen Topf setzen, sieht die Zwergrose schon früher nach mehr aus.

? Ein Bekannter hat mir gesagt, dass man Steckhölzer im Topf bewurzelt. Stimmt das?

Im Prinzip ja: Sie könnten die Steckhölzer auch in hohen Töpfen mit einem Sand-Erde-Gemisch bewurzeln. Dazu senkt man die Gefäße an einem schattigen Gartenplatz in den Boden ein. Allerdings erfordert diese Methode mehr Aufmerksamkeit, denn im Topf trocknet das Substrat natürlich schneller aus.
In raueren Gegenden ist dies unter Umständen sinnvoll, denn bei strengeren Frösten kann man die Gefäße schnell und einfach vorübergehend an einen gerade eben frostfreien Platz räumen. Bei besonders kälteempfindlichen Klassen, z. B. Zwergrosen, können Sie die Töpfe auch gleich in einen Frühbeetkasten einsenken.

Das Pflegeprogramm für Rosen

Zwar wird sie Königin der Blumen genannt, die Rose verlangt aber lange nicht so viel Pflege, wie ihr Name vermuten lässt. Wenn Sie regelmäßig nach ihr sehen und sie dabei ein wenig verwöhnen, dankt die Rose es um ein Vielfaches mit einem gesunden Wachstum und üppigem Blütenreichtum.

Je nach Klasse brauchen die verschiedenen Rosen auch ein unterschiedliches Maß an Zuwendung. Doch selbst die anspruchsvollsten Sorten erfordern nur wenig von Ihrer Zeit, wenn Sie sie regelmäßig einem kleinen Pflegeprogramm unterziehen.

Rundum-Service

Mit der Auswahl der passenden Sorte, eines geeigneten Standorts und mit einer optimalen Pflanzung haben Sie Ihren Rosen schon die besten Voraussetzungen für ein üppiges und gesundes Gedeihen mitgegeben. Jetzt sollten Sie sie weiterhin mit den passenden Pflegemaßnahmen kräftigen und unterstützen.

Gesund und schön

Rosenpflege ist mehr als eine Schönheitskosmetik. Zwar sorgen eine ausgewogene Düngung (→ Seite 69), eine gleichmäßige Bodenfeuchte, eine gute Bodenstruktur (→ Seite 70) und wöchentliches Ausputzen (→ Seite 71) dafür, dass die Rosen immer tipptopp aussehen. Mit diesen Pflegemaßnahmen machen Sie die Pflanzen aber auch fit gegen Schädlinge, Krankheitserreger und starke Fröste. Rosen angemessen zu pflegen, bedeutet stets, vorbeugenden Pflanzenschutz zu betreiben. Dabei kommt es oft auf den Zeitpunkt an: Die richtigen Nährstoffe zur falschen Zeit können der Rose ebenso schaden wie zu spät angebrachter oder zu früh entfernter Winterschutz (→ Seite 82). Deshalb finden Sie auf den folgenden Seiten nicht nur im Detail beschrieben, wie Ihre Rosen gesund und schön bleiben. Zusätzlich behalten Sie mit dem »Pflegefahrplan rund ums Jahr« (→ Seite 120) die Übersicht, wann was zu tun ist.

Der Rosen-Doktor

Natürlich können Rosen aller Fürsorge zum Trotz gelegentlich einmal krank werden. Die Schäden halten sich jedoch in Grenzen, wenn Sie die Pflanzen immer gut im Auge behalten, gleich die richtige Diagnose stellen (→ Seite 78–81) und entsprechende Maßnahmen ergreifen.

Eine reiche Blüte ist bei Rosen nur dann zu erwarten, wenn man sie vorbeugend durch angemessene Pflegemaßnahmen stärkt.

Die Lebenselixiere: Wasser und Nährstoffe

Luft und Liebe sind für Rosen zwar ungemein wichtig, allein davon können sie aber nicht gedeihen. Zur rechten Zeit eine Portion Wasser und die entsprechenden Nährstoffe wirken Wunder.

Dosieren Sie den Dünger nach den Angaben des Herstellers und arbeiten Sie ihn oberflächlich ein.

Gutes Gelingen ist auch bei der Ernährung der Rosen eine Frage der Dosis und des perfekten Timings. Mit den folgenden Tipps finden Sie das optimale Maß.

Richtig gießen

Mit ihrem tief reichenden Wurzelsystem nehmen die Rosen dem Gärtner einiges an Gießarbeit ab. Bis das Wurzelwerk gut entwickelt ist, sollten Sie frisch gepflanzte Rosen jedoch regelmäßig wässern. Später brauchen Sie nur bei großer Trockenheit zu gießen.

Die goldenen Gießregeln

Stehen Rosen zu trocken, werden sie leicht anfällig für Pilzkrankheiten. Dennoch sollte man nicht gleich gießen, wenn einmal die Bodenoberfläche abgetrocknet ist. Bei gut eingewachsenen Pflanzen gelten die folgenden Regeln:

- Lieber seltener, dafür aber durchdringend gießen.
- Gießen ist erst dann erforderlich, wenn die obersten 10 cm des Bodens trocken geworden sind.
- Dann sollten Sie 10–30 Liter Wasser pro Quadratmeter geben, damit es auch in tiefere Bodenschichten gelangt.
- Bei leichten Böden sollten Sie in Trockenzeiten wöchentlich, auf schweren nur alle drei Wochen gießen.
- Idealerweise gießt man in den frühen Morgenstunden.
- Halten Sie die Blätter beim Wässern trocken – Nässe fördert Pilzkrankheiten.

Richtig düngen

Eine ausreichende und ausgewogene Ernährung ist für den Blütenansatz und die Widerstandsfähigkeit der Rosen unerlässlich. Es gibt eine verwirrende Vielzahl an Düngern auf dem Markt. Die Rose macht Ihnen die Entscheidung jedoch leicht, denn sie gibt sich nicht mit jedem Dünger zufrieden.

Am besten Langzeitdünger

Ob ein Dünger sich für Rosen eignet, kommt auf seine Form und Zusammensetzung an. In jedem Fall wird er stets oberflächlich in den Boden eingearbeitet und darf nicht mit dem Laub in Berührung kommen!

- **Organische Dünger,** wie Kompost und Hornspäne, geben ihre Nährstoffe nur langsam frei. Der Vorteil: Die Mineralien stehen den Rosen über einen längeren Zeitraum bedarfsgerecht zur Verfügung. Allerdings brauchen organische Dünger eine gewisse Vorlaufzeit, bis sie tatsächlich wirken.
- **Mineralische Dünger** sind wasserlöslich und wirken sofort. Das ist für die Rosen, abgesehen von einigen Ausnahmen, nicht vorteilhaft.
- **Langzeitdünger,** auch Depotdünger genannt, bestehen aus mineralischen bzw. aus einer Mischung von mineralischen und organischen Düngern. In ihrer Wirkungsweise ähneln sie organischen Düngern.
- **Spezielle Rosendünger** haben alles, was Ihre Rosen brauchen, und stellen es über Monate hinweg nach und nach zur Verfügung. Zwar haben sie ihren Preis – die Herstellung ist aufwändig. Doch neben der optimalen Nährstoffzusammensetzung erleichtern sie auch dem Gärtner die Arbeit: Er muss nicht andauernd ans Düngen denken!

Der Düngeplan

Eine Grunddüngung in Form von Kompost oder Hornspänen haben Sie der Rose ja bei der Pflanzung (→ Seite 48) bereits mitgegeben.

- Verabreichen Sie Ihren Rosen im ersten Jahr nur eine halbe Dosis Langzeitdünger. Bei im Herbst gepflanzten Exemplaren ist das etwa Anfang Mai; bei Frühjahrspflanzung um Mitte Juni herum.
- Ab dem zweiten Jahr hängt der Düngezeitpunkt davon ab, ob Sie lieber rein organisch düngen wollen oder ob für Sie auch ein Langzeitdünger in Frage kommt. Im ersten Fall arbeiten Sie Hornspäne bzw. Kompost im Dezember oberflächlich in den Boden um die Pflanzstelle der Rose ein.
- Spezielle Rosen-Langzeitdünger werden etwa Mitte März in den Boden eingearbeitet. Manche Hersteller empfehlen bei öfter blühenden Sorten eine Nachdüngung (bitte die Packungshinweise beachten).
- Spätestens ab Mitte Juli dürfen Sie keine stickstoffhaltigen Dünger mehr geben, damit das Holz ausreifen kann.
- Damit die Rose den Winter gut übersteht, können Sie die Holzreife noch durch eine Gabe Patentkali Mitte bis Ende September fördern.

1

2

3

Diese Dünger »schmecken« den Rosen

1 *Kompost sollte gut verrottet und ausgereift sein. Er ist wegen der bodenverbessernden Wirkung ideal für Rosen.*

2 *Hornspäne und Hornmehl sind gute Stickstofflieferanten. Sie müssen durch Bodenorganismen umgesetzt werden.*

3 *Rosen-Langzeitdünger sind von einer Kunstharzhülle umgeben, die die Nährstoffe nur nach und nach freigibt.*

› PRAXIS

Rosenpflege – weit mehr als eine Schönheitskur

Auch wenn die Blütensaison uns immer allzu kurz erscheinen mag: Für die Rose ist sie lang und kräftezehrend. Unterstützen Sie sie, indem Sie ihr die nötige Pflege angedeihen lassen!

Gut gepflegte Rosen sind blühfreudig und kräftig. Zur Pflege zählen, neben der bedarfsgerechten Versorgung mit Wasser und Dünger (→ Seite 68), noch einige andere Maßnahmen, die ihre Widerstandsfähigkeit und Wuchskraft erhalten und erhöhen.

Der Boden macht's

Je besser und luftiger der Boden, desto wuchs- und blühfreudiger wird die Rose sein.

Erdoberfläche lockern

Rosenwurzeln haben es gern luftig. Deshalb sollten Sie vor allem schwere Böden regelmäßig aufhacken (→ Abb. 1). Auch nach Regenfällen, wenn die Bodenoberfläche beim Abtrocknen verkrustet, ist das Auflockern der obersten 10 cm ganz wichtig: Dies schränkt die Verdunstung des Bodenwassers ein. Der Boden wird wieder locker und luftdurchlässig. Entfernen Sie in diesem Zug auch gleich das Unkraut.

Mulchen spart Arbeit

Mit einer Mulchschicht (→ Abb. 2) können Sie sich die Bodenpflegearbeit weitgehend sparen: Die oberste Bodenschicht verkrustet nicht, und Unkraut wird weitgehend unterdrückt. Die Erde bleibt locker und krümelig, das Bodenleben wird gefördert und der Humusgehalt auf Dauer erhöht. Durch die Mulchdecke verdunstet auch weniger Wasser, Sie brauchen also nicht so viel zu gießen.

- Als Mulchmaterialien eignen sich z. B. gehäckselte Rindenprodukte, Rohkompost, Rasenschnitt oder geschredderte Gartenmaterialien.
- Der ideale Zeitpunkt zum Ausbringen der Mulchschicht ist im Frühjahr nach der Düngung. Entfernen Sie vorher noch sorgfältig alle Unkräuter.
- Streuen Sie den Mulch nicht zu dick aus, höchstens 3–4 cm stark. Vor allem Rasenschnitt wird leicht dicht und verklebt, wenn man ihn zu hoch auslegt. Außerdem kann eine zu dicke Mulchschicht Wühlmäuse anziehen oder als Austrocknungsschutz für Schnecken dienen – und wer will das?
- Wenn Sie Rindenmulch verwenden, ist es wichtig, dem Boden eine gute Hand voll Hornspäne hinzuzufügen. Erst dann wird der Rindenmulch unter der Pflanze ausgebracht. Rindenmulch bindet nämlich vorübergehend Stickstoff, was bei einem niedrigen Nährstoffgehalt im Boden zu Stickstoffmangel und demzufolge gelben Blättern führen kann.

Praxisinfo

KLETTERROSEN RICHTIG AUFBINDEN

Bis Juli sind die neuen Triebe von Kletterrosen so lang geworden, dass Sie sie anbinden müssen.

- Binden Sie die Triebe locker mit Achterschlaufen aus ummanteltem Draht, Bast oder Kokosstrick an (→ Abb. 4).
- Öfter blühende, starkwüchsige Kletterrosen fächerförmig anbinden, sonst verkahlen sie im unteren Bereich.
- Triebe einmal blühender Sorten gut verteilt anbinden. Sie belauben auch senkrecht gezogen bis unten.

- Achten Sie beim Ausbringen des Rindenmulchs auch darauf, dass er nicht zu nah an den Rosentrieben zu liegen kommt: Rindenmulch enthält Säuren, die die Triebe schädigen könnten.
- Im Gegensatz zu Rindenmulch ist Rindenhumus bereits zersetzt. Wenn Sie Rindenhumus zum Mulchen verwenden, kann die zusätzliche Stickstoffgabe entfallen.

Wildtriebe entfernen

Ab Frühjahr oder Frühsommer treiben gelegentlich Wildtriebe aus (→ Abb. 3). Sie erkennen sie daran, dass ihr Blattgrün oft heller, das Laub meist kleiner und ihr Wuchs sehr kräftig ist. Entfernen Sie die Erde so weit, bis Sie die Ansatzstelle des Wildtriebs an der Wurzel erkennen können, und schneiden Sie dann den Wildtrieb komplett ab.

Rosen ausputzen

Damit Ihre Rosen nicht nur gut aussehen, sondern auch gesund bleiben, sollten Sie sie regelmäßig ausputzen. Dazu gehört zum einen das Entfernen beschädigter oder kranker Pflanzenteile, damit eine weitere Ausbreitung eventueller Krankheitserreger (→ Seite 73) verhindert wird. Zum anderen schneidet man dabei welke Blüten ab (→ Abb. 5), vor allem bei öfter blühenden Sorten. Das beugt dem Befall mit Grauschimmel vor und führt zur Ausbildung neuer Blüten.

1

Sorgen Sie für Luft
Das Aufbrechen der obersten Bodenschicht schränkt die Verdunstung ein und macht den Boden luftdurchlässig. Entfernen Sie gleichzeitig aufgehendes Unkraut.

2

Multitalent Mulchdecke
Eine Mulchdecke wirkt sich positiv auf die Bodeneigenschaften aus. Das stärkt die Rose. Und der Gärtner spart sich Arbeit: Er muss nicht hacken und weniger gießen.

3

Weg mit den Wildtrieben
Aus den Wurzelunterlagen der Edelsorten treiben gelegentlich Wildtriebe aus. Diese müssen direkt an ihrer Ansatzstelle abgerissen oder abgeschnitten werden.

4

Kletterrosen aufbinden
Binden Sie neue Triebe von Kletterrosen immer gleich mit einer Achterschlaufe am Rankgerüst fest, das sieht schöner aus und verhindert ein Verheddern der Triebe.

5

Verblühtes ausputzen
Das Abschneiden verwelkter Blüten fördert den Knospenansatz für einen neuen Flor. Kontrollieren Sie die Rose gleichzeitig auf Krankheits- und Schädlingsbefall.

› PRAXIS

Rosen in Töpfen brauchen etwas Zuwendung

Der Topf auf Balkon und Terrasse ist ein ganz besonderer Lebensraum, der für die Rosen schnell in Stress ausarten kann. Schenken Sie ihnen täglich etwas Zeit, dann kann nichts schief gehen.

Auf Terrasse und Balkon ist meist nicht allzu viel Platz für Pflanzen. Daher müssen auch Rosen schon etwas Besonderes bieten, um sich einen Logenplatz an der Seite des Gärtners zu verdienen.
Neben einer robusten Natur sollten die Rosen zu den öfter blühenden Sorten zählen und über die ganze Freiluftsaison einen erfreulichen Anblick bieten (→ Seite 26).
Über Monate hinweg immer wieder neue Blütenknospen anzusetzen bedeutet für die Pflanzen absolute Schwerstarbeit. Der begrenzte Wurzelraum im Topf kann aber auch nur begrenzt Nachschub speichern. Deshalb brauchen Rosen im Topf eine viel intensivere Pflege als im Garten ausgepflanzte Exemplare, denen weitaus mehr »Bodenraum« – und damit auch Wasser und Nährstoffe – zur Verfügung steht. Widmen Sie Ihren Terrassenprinzessinnen daher etwas mehr Aufmerksamkeit.

Tipp

PRAKTISCHE DÜNGETIPPS FÜR TOPFROSEN

- Achten Sie bei Auswahl und Gabe von Langzeitdüngern darauf, dass ihre Düngewirkung nicht über den Juli hinaus anhält, um die Frosthärte der Rosen nicht zu gefährden.
- Platzieren Sie Langzeitdünger in den Bereich der Wurzeln, damit diese nicht nur an den Topfrand streben. Düngekegel lassen sich gezielt in die Erde drücken.
- Bei Eisenmangel (→ Seite 81) leistet die Spritzung eines Eisen-Flüssigdüngers über das Laub schnelle Abhilfe.

Tägliche »Chefvisite«

Im Prinzip brauchen Topfrosen für ein gesundes Wachstum und üppige Blüte das Gleiche wie ihre Gartenschwestern: einen sonnigen, luftigen Standort, ausreichend Wasser und Nährstoffe sowie einen ihrer Klassenzugehörigkeit angemessenen Schnitt (→ ab Seite 86). Auf Balkon und Terrasse wird es für Rosen in heißen Sommern anstrengend: Pflaster und Wände heizen sich auf – das fördert die Anfälligkeit für Pilzkrankheiten und Spinnmilbenbefall. Zum Glück sind die Blütenschönheiten im Topf mobil, und so können Sie sie bei Bedarf an einen passenderen Platz rücken. Mindestens einen halben Tag sollten die Pflanzen Sonne haben, von der prallen Mittagshitze jedoch verschont bleiben. Dabei gehen Wasser- und Nährstoffvorräte flott zur Neige. Eine tägliche »Chefvisite« ist deshalb unbedingt zu empfehlen.

Gleichmäßig feucht halten

Wie die meisten Pflanzen lieben auch Rosen eine gleichmäßige Bodenfeuchtigkeit. Das ist bei der Kultur im Topf gar nicht so einfach zu gewährleisten: Mal bekommt die Rose im Regen nasse Füße, mal wird es in der Sommersonne eng mit dem Wassernachschub. Um eine Balance zu halten, bedient man sich einiger Tricks.

- Damit überschüssiges Regen- und Gießwasser sicher ablaufen kann, braucht es eine Drainageschicht im Topf (→ Seite 52). Dabei hilft auch,

1

Schutz und Schmuck in einem
Rosen lieben eine gleichmäßige Bodenfeuchtigkeit. Dies ist bei Exemplaren im Topf nicht leicht zu gewährleisten: Über die Substratoberfläche verdunstet viel. Davor schützt eine Schicht aus Kieseln – die zugleich schmückt.

2

Einmal düngen genügt
Wenn Sie einen Langzeitdünger verwenden, brauchen Sie in der Regel nur einmal pro Saison an die Nährstoffzufuhr zu denken. Arbeiten Sie die Körnchen etwas in die Bodenoberfläche ein. Gießen Sie direkt im Anschluss.

3

Unter die Lupe nehmen
Topfrosen werden vor allem von Echtem Mehltau und Spinnmilben befallen, die an trockenen, heißen Plätzen besonders gerne auftreten. Den besten Schutz bietet eine regelmäßige und gründliche Kontrolle.

wenn Sie den Topf zusätzlich auf ein paar Holzleisten oder – etwas schmucker – auf spezielle Tonfüßchen stellen. Wenn Sie des Pflasters wegen nicht auf einen Untersetzer verzichten möchten, sollte der Topf auf jeden Fall etwas erhöht werden, damit die Rose nicht im Wasser steht – auf Staunässe reagiert sie schnell beleidigt.

- Bei trockenem und heißem Wetter sollten Sie täglich überprüfen, ob das Substrat trocken ist, und bei Bedarf gießen.
- Um die Verdunstung etwas einzudämmen, können Sie auf der Bodenoberfläche eine »Mulchschicht« nachempfinden, indem Sie eine Lage Kies, Blähton oder leere Schneckenhäuser bzw. Muscheln auflegen. Das sieht hübsch aus und hält die Feuchtigkeit länger im Topf (→ Abb. 1).
- Verwenden Sie nur weiches Wasser zum Gießen: Zu viel Kalk im Substrat kann bei Rosen zu Eisenmangel führen.

Für Nährstoffe sorgen

Was für Gartenrosen gilt, passt auch für Rosen im Topf:

- Langzeitdünger sparen Arbeit und geben die Nährstoffe bedarfsgerecht über einen längeren Zeitraum an die Wurzeln ab (→ Abb. 2).
- Sie können Ihre Topfrosen aber auch wöchentlich mit einem Flüssigdünger »füttern«. Allerdings nur bis Mitte Juli, damit das Holz vor dem Winter ausreifen kann. Dann kommen auch Ihre Topfrosen mit etwas zusätzlichem »Frostschutz« (→ Seite 82) unbeschadet über die kalte Jahreszeit.

Regelmäßig ausputzen

Einmal wöchentlich sollten Sie Verblühtes abschneiden, um die Bildung neuer Blütenknospen zu fördern und damit länger Freude an Ihren Rosen zu haben. Achten Sie dabei gleichzeitig auch immer auf einen Befall mit Schädlingen oder Krankheiten (→ Abb. 3). Sehen Sie auch unter die Blätter. Je schneller Sie einen Schaden erkennen, desto leichter können Sie ihn beheben.

Wie Rosen gesund bleiben – oder es wieder werden

Ein Krankheitsfall kommt in den besten Familien vor, auch bei der Rose. Das lässt sich trotz Vorbeugung nicht immer verhindern, bedeutet aber keine Katastrophe – wenn Sie gleich das Richtige tun.

»**Kein Röslein** ohne Läuschen« ist eine Tatsache, mit der auch der Dichter Wilhelm Busch leben musste und die er in seinem Gedicht »Duldsam« amüsant verarbeitete. Wenn Rosen einmal krank werden, erscheint allerdings vieles dramatischer, als es tatsächlich ist. Behalten Sie einfach die Pflanzen ein bisschen im Auge. Vieles erledigt sich bereits durch regelmäßiges Ausputzen (→ Seite 71). Außerdem können Sie viel dafür tun, dass Ihre Rosen stark genug werden, um sich gegen unliebsame Angreifer wehren zu können. Und selbst wenn sie einmal nicht allein mit Krankheitserregern oder Schädlingen fertig werden, gibt es wirkungsvolle Maßnahmen, die ihnen helfen, wieder gesund zu werden.

Widerstandsfähige Sorten (hier 'Rosarium Uetersen') und gute Pflege garantieren gesunde Rosen.

Vorbeugen ist besser als heilen

Wenn Sie dafür sorgen, dass es Ihren Rosen von Anfang an gut geht, haben Sie schon viel für ihre Gesundheit getan.
Die folgenden Kriterien sollten einfach stimmen:

- Achten Sie bei der Auswahl auf widerstandsfähige Sorten. Dabei können Sie sich am ADR-Zeichen orientieren. Es steht für »Allgemeine Deutsche Rosenneuheitenprüfung«. Bei dieser Prüfung werden die Rosen auf Widerstandsfähigkeit, Winterhärte, Reichblütigkeit, Blütenwirkung, Duft und Wuchsform über drei Jahre bewertet. Es gibt jedoch auch Sorten ohne ADR-Zeichen, die sich bewährt haben (→ Porträts ab Seite 102).
- Der Standort sollte rosengerecht ausgewählt sein (→ Seite 40). Gibt es in Ihrem Garten keinen optimalen Platz für Rosen, dann wählen Sie Sorten, die mit diesen Gegebenheiten am besten zurechtkommen (→ Sortenempfehlung Seite 41).
- Lassen Sie Ihren Rosen eine gute Pflege angedeihen. Dazu gehören eine gleichmäßige Bodenfeuchtigkeit und eine ausgewogene Düngung (→ Seite 69), Hacken bzw. Mulchen und das Entfernen von Wildtrieben, beschädigten Pflanzenteilen und welken Blüten (→ Seite 71).
- Achten Sie beim Gießen unbedingt darauf, dass die Blätter trocken bleiben! Feuchtigkeit erleichtert die Infektionsbedingungen für Pilzkrankheiten.

Unerlässlich: Hygiene

Sorgen Sie dafür, dass Ihre Rosen so wenig wie möglich mit Krankheitserregern und Schädlingen in Berührung kommen. Dabei helfen die folgenden Maßnahmen:

- Entfernen Sie kranke Pflanzenteile frühzeitig und entsorgen Sie sie über die Mülltonne. Nicht kompostieren!
- Sammeln Sie nach dem Rosenschnitt (→ ab Seite 86) alles Schnittgut auf und entsorgen Sie es.
- Schneiden Sie vor dem Anbringen des Winterschutzes (→ Seite 82) das noch anhaftende Laub, Verblühtes und verblie-

Ackerschachtelhalm enthält Kieselsäure, die die Zellwände der Rosen stark genug gegen Angreifer macht.

bene Hagebutten ab und entsorgen Sie das anfallende Material im Biomüll.

Kleine Gartenhelfer

Zur Vorbeugung gegen Pilzkrankheiten gehören in erster Linie der passende Standort und gute Kulturmaßnahmen. Gegen Blattläuse und manche anderen tierischen Schädlinge haben Sie im Garten jedoch Verbündete: Einige Insekten haben sich auf Blattläuse spezialisiert. So verputzt eine Schwebfliege im Laufe ihres Larvendaseins 400–700 der lästigen Sauger. Marienkäfer räumen während ihrer Entwicklung 700 Blattläuse aus dem Weg; als erwachsene Käfer bringen sie es auf etwa 150 Stück pro Tag. Manche Arten ernähren sich von Spinnmilben und sogar Mehltaupilzen. Laden Sie diese »Blattlauspolizei« in Ihren Garten ein. Erwachsene Schwebfliegen, Florfliegen und Schlupfwespen bevorzugen ungefüllte Blüten, von deren Nektar und Pollen sie sich ernähren. Doldenblütler, wie Dill, Kerbel, Kümmel und Fenchel, sowie gelbe Korbblütler gehören zu ihren Lieblingsblumen – pflanzen Sie also einige von ihnen an.
Auch unter den Vögeln gibt es Arten, die Blattläuse und Raupen vertilgen. Dazu gehören z. B. Meisen und Grasmücken. Fördern Sie diese Nützlinge! Hängen Sie Nistkästen auf und lassen Sie z. B. an einigen versteckten Gartenecken ruhig etwas Unordnung aufkommen. Kraut- und Graswuchs, kleine Laubhaufen, Holz oder Zweige bieten vielen großen und kleinen Gartenhelfern Unterschlupfmöglichkeiten.

Ein »Zaubertrank« macht Rosen stark

Es gibt pflanzliche Substanzen, die die Zellwände der Rosen festigen können. Dann haben es Krankheitserreger schwerer, in die Blätter einzudringen. Solche Substanzen finden sich in Brühen, Jauchen und Tees, mit denen man Rosen vorbeugend gegen den Befall mit Pilzkrankheiten spritzt. Voraussetzung für den Erfolg ist eine mehrfache Spritzung. Fangen Sie mit dem vorbeugenden Spritzen im April an, wenn die Knospen vor dem Austrieb zu schwellen beginnen. Wiederholen Sie die Behandlung konsequent alle 10–12 Tage.

Fitness-Cocktails aus der eignen »Küche«

Die rosenstärkenden Brühen, Jauchen und Tees können Sie sich vielfach selbst zusammenmixen. Hier die Grundrezepte:

- **Brühe**: Von Brühen brauchen Sie höchstens 10 Liter anzusetzen. Weichen Sie die entsprechenden zerkleinerten Pflanzenteile 24 Stunden in Wasser ein. Kochen Sie das Ganze dann auf und lassen Sie die Pflanzenbrühe 30 Minuten köcheln. Abkühlen lassen, verdünnen und spritzen.
- **Jauche:** Von der Jauche sollten Sie mehr ansetzen (bis 100 Liter), da sie längere Zeit zum »Garwerden« benötigt. Mischen Sie die zerkleinerten Pflanzenteile in einem Gefäß mit Wasser und rühren Sie mindestens einmal täglich kräftig um. Wenn das Ganze zu gären beginnt, mildern einige Hände voll Steinmehl den Geruch. Sobald die Mischung nicht mehr schäumt, ist die Jauche einsatzbereit. Das dauert etwa 14 Tage. Sieben Sie die Jauche ab. Je nach Verwendungszweck (→ Seite 78–81)

wird sie nun verdünnt und gespritzt oder gegossen.

- **Tee:** Überbrühen Sie zerkleinerte frische oder getrocknete Pflanzenteile mit kochendem Wasser. Lassen Sie das Ganze einige Zeit ziehen und seihen Sie dann ab. Tee wird immer verdünnt gespritzt.

Pflanzen-Cocktails

Gegen Pilzkrankheiten hilft:

- **Ackerschachtelhalmbrühe:** 1 kg frisches oder 150 g getrocknetes Kraut auf 1 Liter Wasser; Verdünnung 1:10.
- **Brennnesselbrühe:** 1 kg frisches Kraut auf 10 Liter Wasser; Verdünnung 1:20.
- **Brennnesseljauche:** 1 kg frisches oder 150 g getrocknetes Kraut auf 10 Liter Wasser; Verdünnung 1:10.

Brennnesseljauche wird auch zur Düngung auf den Wurzelbereich gegossen. Sie kann vorteilhaft durch Beinwelljauche (gleiches Rezept wie Brennnesseljauche) ergänzt werden, die stark kaliumhaltig ist. Ackerschachtelhalm, Beinwell oder Brennnesseln gibt es auch getrocknet im Fachhandel. Dort erhalten Sie ebenfalls spezielle Präparate (»Pflanzenstärkungsmittel«), die Rosen widerstandsfähiger gegen Pilzbefall machen.

Was tun, wenn es einmal »brennt«?

Kontrollieren Sie Ihre Rosen beim wöchentlichen Ausputzen immer auch auf Schädlinge oder Krankheiten. Falls Sie einmal etwas entdecken, das Sie nicht kennen, versuchen Sie zunächst anhand der Diagnosetafeln (→ Seite 78–81) zu bestimmen, um was es sich handelt. Dort stehen auch Tipps, was Sie konkret zur Vorbeugung oder Bekämpfung der einzelnen Schadursachen tun können.

Mechanische Maßnahmen

Ob tierische Schädlinge oder Pilzkrankheiten: In vielen Fällen reicht es völlig aus, wenn Sie die betroffenen Pflanzenteile entfernen und über die Mülltonne entsorgen. Blattläuse befallen gern Triebspitzen, wo die Rosenknospen sitzen. Hier hilft es manchmal schon, die Kolonien mit der Hand abzustreifen. Gummihandschuhe und etwas Wasser gestalten die Prozedur natürlich etwas angenehmer.

Aus der Gartenapotheke

Die oben genannten Jauchen, Brühen und Tees können Sie auch gegen Spinnmilben und Blattläuse spritzen, lediglich die Rezepte ändern sich etwas:

- **Beißende Brennnesselbrühe** wird wie Brennnesseljauche angesetzt, aber nicht vergoren. Dadurch bleiben die Substanzen erhalten, die bei Berührung das Brennen verursachen. Nach einem bis höchstens drei Tagen wird die Jauche unverdünnt gespritzt. Sie hilft gegen einen mäßigen Befall mit Blattläusen und Spinnmilben.
- **Wermuttee** wird aus 400 g frischem oder 30 g getrocknetem Kraut auf 10 Liter Wasser

Marienkäfer vertilgen als Larve und als erwachsener Käfer jede Menge Blattläuse.

Geben Sie Pflanzenschutzmitteln den Vorzug, die sowohl Bienen als auch Nützlinge schonen.

hergestellt. In einer Verdünnung von 1:3 können Sie ihn gegen Blattläuse einsetzen.

Die »Feuerwehr« aus dem Gartencenter

Letzte Retter in der Not sind die Pflanzenschutzmittel aus dem Fachhandel. Lassen Sie sich beraten. Achten Sie beim Kauf auf Präparate, die Bienen und Nützlinge schonen, und setzen Sie die Mittel nur ganz gezielt und angemessen ein.

Starker Pilzbefall!

Wenn Echter oder Falscher Mehltau, Rosenrost oder Sternrußtau in verstärktem Maße auftreten, sollten Sie spezielle Pflanzenschutzmittel, so genannte Fungizide, einsetzen. Die für den Hobbygarten zugelassenen Produkte enthalten Wirkstoffe, die nicht bienengefährlich sind. In der Regel hilft ein einziges Produkt gegen alle pilzlichen Erreger.

Blattläuse & Co.

Unter den tierischen Schädlingen sind es vor allem Blattläuse und Spinnmilben, die den Rosen öfter zu schaffen machen. Wenn der Befall durch mechanische Maßnahmen oder Mittel aus Ihrer »Gartenapotheke« nicht einzudämmen ist, müssen Sie auch hier auf Pflanzenschutzmittel aus dem Fachhandel zurückgreifen. Bevorzugen Sie Präparate mit biologischen Wirkstoffen:

- Der **Samenextrakt des Niembaums** ist ein nachwachsender Rohstoff, der als nützlingsschonend eingestuft wird.
- **Rapsöl** ist ein Mittel aus nachwachsenden Rohstoffen. Es verklebt die Atemorgane der Insekten und wirkt auch gegen die Eier der Schädlinge. Es gilt als nützlingsschonend.
- **Paraffinöl** wirkt wie Rapsöl, besteht aber aus Kohlenwasserstoffen, die z. B. aus Erdöl gewonnen werden. Paraffinöl ist ungiftig, steht aber im Ruf, Nützlingen zu schaden.
- Die **Kaliumsalze** der natürlichen Fettsäuren sind eine Art Schmierseife, die jedoch pflanzenverträglicher ist als haushaltsübliche Schmierseife. Mit Bedacht verwenden: Die Präparate können die Larven der Schwebfliegen in Mitleidenschaft ziehen.
- **Pyrethrum** ist ein Stoff aus Chrysanthemenblüten, der natürlichen oder synthetischen Ursprungs sein kann. Er wirkt schnell, macht dabei aber auch vor Nützlingen nicht Halt.

Spezialfall Topfrosen

Für Topfrosen gibt es gegen saugende Insekten spezielle Präparate mit synthetischen Wirkstoffen, die Sie ganz gezielt einsetzen können.

- Zum einen ist das ein Rosenpflaster, das an den Trieben angebracht wird.
- Zum anderen sind Zäpfchen im Angebot, die man einfach in die Topferde drückt.

Beide Präparate wirken über einen längeren Zeitraum, weil die Wirkstoffe mit dem Saftstrom in der Rose verteilt und so von den Pflanzensaugern aufgenommen werden.

Checkliste

DER UMGANG MIT PFLANZENSCHUTZMITTELN

✔ Verwenden Sie Pflanzenschutzmittel nur, wenn der Befall durch Schädlinge oder Krankheiten nicht durch andere Maßnahmen einzudämmen ist.

✔ Beachten Sie die Hinweise auf den Produktpackungen. Nur dann sind Sicherheit und Erfolg gewährleistet.

✔ Bewahren Sie die Pflanzenschutzmittel so auf, dass weder Kinder noch Haustiere Zugriff haben.

✔ Pflanzenschutzmittelreste gehören auf den Sondermüll!

Diagnosetafel: Schädlinge

BLATTLÄUSE

Schadbild: Blattläuse saugen in sich rasch vergrößernden Kolonien bevorzugt an Triebspitzen und Knospen. Sie halten sich auch gern an den Blattunterseiten auf.
Vorbeugen: Pflanzen vorbeugend stärken. Nützlinge fördern.
Bekämpfen: Befallene Pflanzenteile abschneiden oder abwaschen. Bei starkem Befall mit einem nützlingsschonenden Mittel spritzen.

DICKMAULRÜSSLER

Schadbild: Dickmaulrüssler treten an Rosen nur gelegentlich auf, dann aber gleich in Massen. Die Käfer fressen Buchten in die Blattränder. Die Larven schädigen im Boden die Wurzeln der Rosen.
Vorbeugen: Nützlinge, z. B. Igel, fördern. Bodenoberfläche oft hacken.
Bekämpfen: Käfer am besten nachts absammeln. Boden unter der Rose mit Wermuttee gießen.

ROSENBLATTROLLWESPE

Schadbild: Befallene Rosenblätter rollen sich auf. Im Inneren befinden sich die raupenähnlichen Larven der Rosenblattrollwespe. Diese fressen im Juni/Juli das Blattgewebe von innen her auf.
Vorbeugen: Bei wöchentlichen Kontrollen auf eingerollte Blätter achten.
Bekämpfen: Befallene Blätter so schnell wie möglich entfernen und über die Mülltonne entsorgen.

ROSENBLATTWESPE

Schadbild: Im Mai/Juni sind an den Blättern ein deutlicher Schabefraß und ca. 10 mm lange, grünliche Larven zu sehen.
Vorbeugen: Ab Mai regelmäßig die Blätter auf Befall kontrollieren. Nützlinge und Vögel fördern.
Bekämpfen: Larven absammeln; Falllaub aufsammeln und vernichten; Boden im Spätwinter bearbeiten, um die Verpuppung zu verhindern.

ROSENBLÜTENSTECHER

Schadbild: Der Rosenblütenstecher ist ein kleiner Rüsselkäfer, der eigentlich Erdbeeren und Himbeeren befällt, gelegentlich aber auch Rosen. Dabei legt er ein Ei in die Blüte und frisst den Stängel unterhalb der Knospe durch, so dass er abknickt.
Vorbeugen: Abgeknickte Knospen über den Hausmüll entsorgen, damit sich die Larve nicht entwickeln kann.
Bekämpfen: Meist nicht erforderlich.

ROSENGALLWESPE

Schadbild: Die Rosengallwespe befällt hauptsächlich Wildrosen. Die weißen Larven lassen das Pflanzengewebe zu ballartigen, bemoosten Gebilden anschwellen, in deren Inneren sie sich dann entwickeln.
Vorbeugen: Kaum möglich.
Bekämpfen: Eigentlich fügen die merkwürdigen Gallen den Rosen keinen Schaden zu. Wenn sie Sie stören, schneiden Sie sie einfach ab.

Diagnosetafel: Schädlinge

ROSENKÄFER

Schadbild: Rosenkäfer sind etwa 2 cm groß. Sie schillern metallicgrün und fressen an Rosenknospen und an offenen Blüten. Ihre Larven leben einige Jahre im Boden und ernähren sich u. a. von Wurzeln.
Vorbeugen: Kaum möglich.
Bekämpfen: Man kann die Käfer morgens, wenn sie noch klamm sind absammeln. Sie richten jedoch kaum nennenswerten Schaden an.

ROSENTRIEBBOHRER

Schadbild: Die Larven des Rosentriebbohrers fressen sich in den Trieben durch das weiße Mark. Sie können die Bohrlöcher, durch die die Larven die Triebe verlassen, oft über einem Blattansatz oder unter einem Stachel sehen.
Vorbeugen: Ab Mitte Mai auf Bohrlöcher bzw. »Bohrmehl« achten.
Bekämpfen: Befallene Triebe so rasch wie möglich abschneiden.

ROSENWICKLER

Schadbild: Die Raupen des Rosenwicklers verursachen im Frühjahr Fraßschäden an Knospen, Trieben und jungen Blättern. Zum Verpuppen spinnen sich mehrere Larven in zusammengerollten Blättern ein.
Vorbeugen: Von Frühjahr bis Juni bei der wöchentlichen Kontrolle auf Raupen und Gespinste achten.
Bekämpfen: Raupen und Gespinste bei Entdecken sofort entfernen.

ROSENZIKADE

Schadbild: Die gelblichen, nur wenige Millimeter kleinen Zikaden saugen an den Blattunterseiten und rufen weißliche Scheckungen hervor. Wenn sie gestört werden, springen sie auf.
Vorbeugen: Achten Sie auf einen Befall im Juni/Juli bzw. im August/September. Befallene Triebe im Herbst abschneiden und entsorgen.
Bekämpfen: Meist nicht nötig.

SPINNMILBEN

Schadbild: Spinnmilben saugen an Blattunterseiten. Das Laub erscheint gesprenkelt und verbräunt. Bei starkem Befall entsteht ein Gespinst.
Vorbeugen: Rosen nicht an heiße und trockene Standorte pflanzen. Spaliere mit mindestens 20 cm Abstand zur Wand anbringen.
Bekämpfen: Mit beißender Brennnesselbrühe oder einem nützlingsschonenden Mittel spritzen.

THRIPSE (BLASENFÜSSE)

Schadbild: Die 1 mm kleinen, schmalen Insekten befallen meist Blüten, aber auch Blätter und Triebspitzen. Die Blüten öffnen sich schwer und verkrüppeln. Am Laub entstehen silbrige Flecken. Wenn man die Tiere stört, springen sie auf.
Vorbeugen: Trockene und heiße Standorte meiden.
Bekämpfen: Wenn nötig, mit nützlingsschonendem Mittel spritzen.

Diagnosetafel: Pilzkrankheiten

ECHTER MEHLTAU

Schadbild: Auf Knospen, Blättern und Triebspitzen bildet sich ein mehliger Belag – vor allem bei kühlen, feuchten Nächten und darauf folgenden trockenen, heißen Tagen.
Vorbeugen: Luftige Standorte und widerstandsfähige Sorten wählen. Rosen auslichten. Rechtzeitig Pflanzenstärkungsmittel spritzen.
Bekämpfen: Mit zugelassenen Pflanzenschutzmitteln spritzen.

FALSCHER MEHLTAU

Schadbild: Auf der Blattoberseite entstehen rötlich-violette Flecke, auf der Unterseite ein weißlich-grauer Pilzrasen. Bei starkem Befall welken die Blätter und fallen ab – vor allem bei kühler, feuchter Witterung.
Vorbeugen: Luftige Standorte wählen. Kaliumbetont düngen. Rosen auslichten. Krankes Laub entfernen.
Bekämpfen: Mit zugelassenen Pflanzenschutzmitteln spritzen.

GRAUSCHIMMEL

Schadbild: Grauschimmel bildet einen grauen Rasen auf den Knospen und an den Triebspitzen. Die Knospen vertrocknen und fallen ab. An den Blütenblättern entstehen rötliche Flecken.
Vorbeugen: Verblühtes regelmäßig entfernen – vor allem bei längeren Regenperioden darauf achten.
Bekämpfen: Kranke Pflanzenteile herausschneiden und entsorgen.

ROSENROST

Schadbild: Bei einem Befall mit Rosenrost bilden sich auf den Blättern gelbliche bis bräunliche Flecken. Blattunterseits entwickeln sich gelbe, später rostbraune, dann schwarze Pusteln mit Rostsporen. Der Rosenrost tritt verstärkt an kühlen, feuchten Standorten auf.
Vorbeugen und bekämpfen: Bei starkem Befall mit zugelassenen Pflanzenschutzmitteln spritzen.

RUSSTAUPILZE

Schadbild: Rußtau ist ein schwarzer Belag auf den Blättern, der auf einen Befall mit Blattläusen zurückzuführen ist. Auf deren süßen, klebrigen Ausscheidungen (Honigtau) siedeln sich schwarze Rußtaupilze an.
Vorbeugen: Rechtzeitig gegen Blattläuse vorgehen, bevor die Kolonien größere Ausmaße annehmen.
Bekämpfen: Befallenes Laub abwaschen oder entfernen.

STERNRUSSTAU

Schadbild: Sternrußtau bildet sternförmige, dunkelbraune Flecken auf den Blättern, die später vergilben und abfallen. Feuchtigkeit auf dem Laub begünstigt den Befall. Die Schadpilze überwintern in Blättern und Knospen.
Vorbeugen und bekämpfen: Mit zugelassenen Pflanzenschutzmitteln spritzen. Entsorgen Sie befallene Pflanzenteile über den Hausmüll.

Diagnosetafel: Pflege- und Standortfehler

EISENMANGEL

Schadbild: Auf kalkhaltigen Böden mit hohem pH-Wert tritt häufig Eisenmangel auf. Der Mangel macht sich zuerst an den jungen Trieben bemerkbar: Die Blätter vergilben, die Blattadern bleiben jedoch grün.
Vorbeugen: Für eine gute Bodendurchlüftung sorgen. Staunässe vermeiden, pH-Wert senken.
Beheben: Blattspritzung mit einem Eisendünger hilft vorübergehend.

REGENFLECKEN

Schadbild: Auf den Blütenblättern heller Sorten bilden sich scharf umrandete, rote Flecken, deren Mitte oft braun verfärbt ist. Tritt vor allem nach kurzen Regenperioden auf, wenn gleich darauf die Sonne wieder scheint.
Vorbeugen: Helle Sorten möglichst vor Regen geschützt pflanzen.
Beheben: Nicht möglich, aber auch nicht tragisch.

SONNENBRAND

Schadbild: Die Blütenblattränder vertrocknen und werden schwarz. Tritt in erster Linie bei Sorten mit dunklen Blütenfarben auf.
Vorbeugen: Die Symptome erscheinen vor allem an heißen Plätzen und bei langen Trockenperioden. Diese Plätze meiden bzw. geeignete Sorten wählen. Pflanzstelle mulchen. Für gleichmäßige Bodenfeuchte sorgen.
Beheben: Geschädigtes entfernen.

STICKSTOFFMANGEL

Schadbild: Stickstoff (N) ist ein wichtiger Hauptnährstoff für das Wachstum der Pflanzen. Bei einem Mangel werden zunächst die älteren Blätter und Triebe hellgrün bis gelb. Die Rose wächst mickrig und bringt nur wenige, kleine Blüten hervor.
Vorbeugen: Regelmäßig im Mai einen Rosenlangzeitdünger geben.
Beheben: Bei akutem Mangel schafft ein Flüssigdünger schnelle Abhilfe.

STAUNÄSSE

Schadbild: Die Rosen wachsen nur mickrig. Die Wurzeln ersticken und verfaulen im Extremfall. Die jungen Triebe vergilben, weil die Pflanzen kein Eisen aufnehmen können.
Vorbeugen: Staunasse Standorte vermeiden. Alternative: Vor der Rosenpflanzung den Boden tiefgründig lockern und mit einer geeigneten Drainage versehen.
Beheben: Kaum möglich.

SPÄTFROST

Schadbild: Oberirdische Triebe sterben durch starke Frosteinwirkung ab und werden braun.
Vorbeugen: Im Herbst Kalium geben, um die Holzreife zu unterstützen. Übermäßige Stickstoffdüngung vermeiden. Winterschutz anbringen.
Beheben: Im zeitigen Frühjahr, vor dem Austrieb, die geschädigten Triebe bis in das gesunde Holz (mit weißem Mark) zurückschneiden.

› PRAXIS

Warm eingepackt – der Winter kann kommen

Rosen gehören zu den winterharten Gehölzen, die die kalte Jahreszeit unter normalen Umständen gut überstehen. In rauen Gebieten und bei strengen Frösten sollten Sie sie allerdings etwas schützen.

Die Frosthärte von Rosen ist abhängig von Klasse und Sorte. In klimatisch ungünstigen Gebieten sollten Sie daher schon bei der Auswahl ein Auge darauf haben (→ frostharte Sorten Seite 41). Ansonsten helfen eine angemessene Düngung (→ Seite 69) und etwas Frostschutz gut über die kalte Jahreszeit hinweg.

Jeder Rose ihren Wintermantel

Je nach ihrer Wuchsform benötigen die Rosen recht unterschiedliche »Wintermäntel«. Bringen Sie den Winterschutz Ende November/Anfang Dezember an und entfernen Sie ihn wieder an einem trüben Tag im März.

So kommen Beet- und Edelrosen über den Winter

Bei veredelten Rosen ist die Stelle, an der Edelreis und Wurzelunterlage miteinander verwachsen sind, besonders empfindlich gegen Minusgrade. Bevor die ersten strengeren Fröste einsetzen, sollten Sie Ihre Rosen daher etwa 20 cm hoch anhäufeln, um die Veredlungsstelle besser zu schützen (→ Abb. 1). Nehmen Sie dazu lockere Gartenerde oder Kompost. Für Beet- und Edelrosen reicht das Anhäufeln normalerweise völlig aus. In strengen Wintern decken Sie die Pflanzen besser zusätzlich noch mit Nadelreisig ab.

Winterschutz für Strauch- und Kletterrosen

In ungünstigen Klimagebieten sollten Sie die oberirdischen Triebe von öfter blühenden Strauch- und Kletterrosen vor allem gegen das Austrocknen durch Wind und Sonne schützen. Als »Verpackungsmaterialien« eignen sich Fichten- oder Tannenreisig sehr gut.

- Stecken Sie die Zweige zeltartig um die Sträucher, und binden Sie sie etwas fest, damit

1

Wichtig: ein warmer Fuß
Achten Sie schon beim Pflanzen von Beet- und Edelrosen darauf, dass die frostempfindliche Veredlungsstelle 5 cm tief in der Erde liegt. Häufeln Sie im Herbst zum Winterschutz noch lockere Erde oder Kompost an.

2

Beetrosen abdecken
Öfter blühende Beetrosen können Sie mit Nadelreisig oder Vlies abdecken, aber auch mit einer Schilfmattenumhüllung vor extremen Frösten schützen. Füllen Sie eventuelle Hohlräume mit Laub auf.

der Wind sie nicht forttragen kann. Kletterosen werden mitsamt der Rankhilfe mit Reisig umgeben (→ Abb. 3).

- Statt mit Nadelreisig (→ Abb. 2) können Sie Ihre Rosen auch locker mit Sackleinen, Jute, Schilfmatten oder Gartenvlies einwickeln. Das Material sollte auf jeden Fall immer gut luftdurchlässig sein.

Rosen-Hochstämme umlegen oder einwickeln

Bei Rosen-Hochstämmchen findet sich die Veredlungsstelle im Kronenbereich.

- Jüngere Exemplare können Sie über die Zapfenschnittstelle an der Stammbasis vorsichtig nach unten biegen und mit einem Haken oder Pflöcken am Boden fixieren. Bedecken Sie die Krone dann unter besonderer Beachtung der Veredlungsstelle gut 20 cm hoch mit lockerer Erde oder mit einer Mischung aus Erde und Laub bzw. Erde und Kompost.
- Ältere Stammrosen lassen sich nicht mehr ohne weiteres umbiegen. Packen Sie die Krone mit Reisig, Sackleinen oder Vlies ein (→ Abb. 4) und füllen Sie Hohlräume mit Holzwolle oder feinem Laub.

Topfrosen brauchen vor allem warme Füße

Die Wurzeln von Topfrosen sind dem Frost viel stärker ausgesetzt als die der Gartenrosen. Wenn sie langsam einfrieren und langsam wieder auftauen können, überstehen sie den Winter ohne Probleme.

- Rücken Sie die Topfrosen deshalb an eine vor Wind und Sonne geschützte Stelle an der Hauswand oder in einer Ecke.
- Isolieren Sie die Pflanzgefäße nun etwa 10 cm dick mit einer Schicht aus Noppenfolie, Sackleinen oder einem ähnlichen Material (→ Abb. 5).
- Wenn die Gefäße nicht zu schwer sind, können Sie sie auch in einen Mörteleimer stellen, der auf allen Seiten ca. 10 cm Platz lässt. Füllen Sie die Zwischenräume dann mit feinem Laub, Styropor oder Holzwolle aus.
- Achten Sie unbedingt darauf, dass der Mörteleimer ein Abzugsloch hat (Staunässe!).
- Schützen Sie die oberirdischen Triebe mit Nadelreisig, Vlies oder Sackleinen.

3

Nadelreisig für Kletterrosen
Schützen Sie die Triebe öfter blühender Kletterrosen vor strengen Frösten mit Nadelreisig. Arbeiten Sie dachziegelartig von unten nach oben. Wenn die Reisigspitzen nach unten zeigen, kann Wasser besser ablaufen.

4

Hochstämme, gut verpackt
Wenn Sie Rosen-Hochstämmchen winterfest machen, dann sollten Sie darauf achten, dass die Krone nicht zu dicht eingepackt ist, damit sie nicht erstickt oder bei Nässe nur schwer wieder abtrocknen kann.

5

Topfrosen im Wintermantel
Packen Sie zum Schutz gegen schnelles Durchfrieren und Auftauen die Gefäße mit isolierendem Material ein. Achten Sie darauf, dass die Isolierschicht trocken bleibt, das Substrat aber nicht völlig austrocknet.

› FRAGE & ANTWORT

Expertentipps rund um die Rosenpflege

Auch wenn man noch so gut vorbereitet ist: Hat man es dann direkt mit der Rose zu tun, tauchen immer wieder unvorhergesehene Probleme oder Fragen auf. Dazu kommt, dass kein Jahr gleich verläuft. Die folgenden Antworten werden Ihnen in vielen Fällen weiterhelfen.

? Der Stamm meiner Hochstammrose treibt an einigen Stellen aus. Soll ich diese Triebe entfernen?

Auf jeden Fall, denn der Stamm besteht ja aus einer Wildlings-Wurzelunterlage. Dementsprechend handelt es sich bei diesen Trieben um Wildtriebe. Entfernen Sie diese Triebe möglichst nahe am Stamm, verletzen Sie aber die Rinde nicht.

? Manchmal werden bei meiner Rose die Knospen braun und wollen sich nicht öffnen. Was ist die Ursache?

Vor allem bei stark gefüllten Blüten kann es schon einmal vorkommen, dass die Knospen kurz vor dem Öffnen »stecken bleiben«. Das passiert, wenn die äußeren Blütenblätter nass werden und dann der prallen Sonne ausgesetzt sind. Dadurch verbrennen und verbräunen sie und bilden eine Art feste Kapsel. Die Knospe kann sich dann nicht mehr öffnen. Achten Sie darauf, die Pflanze bei Bedarf immer so zu gießen, dass keine Pflanzenteile benetzt werden. Gegen Regen kann man natürlich nichts unternehmen.
Falls Sie dieses Phänomen wieder einmal beobachten, entfernen Sie vorsichtig die verbräunten Blütenblätter, manchmal öffnet sich die Knospe dann doch noch.

? Ich habe die Krone meiner Rose im vergangenen Winter in eine Folie gepackt, und sie ist trotzdem erfroren. Warum?

Eine geschlossene Kunststofffolie nimmt der Rose zum einen die nötige Luft weg. Zum anderen wird es bei sonnigem Wetter im Winter und im zeitigen Frühjahr in der Krone ziemlich warm, denn die transparente Folie wirkt dann wie ein Gewächshaus. Dadurch kann die Rose frühzeitig zum Austrieb angeregt werden – und fällt prompt dem nächsten Frost zum Opfer. Eine Folie mit Löchern sorgt für eine bessere Durchlüftung der Krone. Viel besser sind jedoch Naturmaterialien, wie Nadelreisig, oder luftdurchlässige Gewebe, wie Gartenvlies, Jute oder Sackleinen. Sie schützen die Krone einerseits vor austrocknenden Winden, sorgen aber gleichzeitig für ausreichend Luftaustausch, so dass die Hochstammrose bei Sonne einen »kühlen Kopf« behält.

? Meine Hochstammrose im Garten hat am Stamm direkt über der Erde eine Verdickung. Muss diese Stelle im Winter angehäufelt werden?

In der Regel nicht. Für die meisten Hochstammrosen zieht man eine Wurzelunterlage heran, deren stärkster Trieb den Stamm bildet und auf Kronenhöhe veredelt wird. Vor der Veredlung werden alle anderen Triebe der Wurzelunterlage an der Basis entfernt. Dadurch entsteht die von Ihnen beschriebene Verdickung. Sie wird als »Zapfenschnittstelle« bezeichnet und ist als solche gut zu

erkennen. Sie verträgt Frost und braucht daher nicht angehäufelt zu werden. Die zu schützende Veredlungsstelle sitzt in diesem Fall an der Kronenbasis. Daher wird empfohlen, junge Hochstämmchen umzubiegen, um sie in Erdnähe mit lockerem Material zu bedecken. Biegen Sie den Stamm über die Zapfenschnittstelle, andersherum könnte diese Stelle ausreißen.
Seit einigen Jahren werden vermehrt Hochstammrosen mit Zwischenstämmen angeboten. Dazu werden als Stammbildner Sorten von *Rosa multiflora* oder *Rosa canina* auf *Rosa corymbifera* 'Laxa' veredelt. Diese Stammzwischenstücke veredelt man im oberen Bereich mit der Edelsorte. Hier gibt es also auch eine Veredlungsstelle an der Stammbasis, die man vor Frost schützen muss.

? Ich habe eine Rosenhecke zur Straße hin. Im Frühjahr treiben die Pflanzen verzögert aus, haben gekräuselte Blätter und abgestorbene Zweige. Sind die Rosen krank?

Möglicherweise handelt es sich hier um einen Schaden durch Streusalz. Das kann im Winter durch vorbeifahrende Wagen mit dem aufgetauten Wasser auf die Pflanzen gespritzt werden, so dass sich der Salzgehalt im Boden und auch in den Pflanzen erhöht. Das stört den gesamten Wasserhaushalt und kann unter Umständen zu Vergiftungen führen. Wenn die Rosen diesen Bedingungen jahrelang ausgesetzt sind, können sie mit der Zeit absterben.
Gegen Streusalz auf öffentlichen Straßen können Sie natürlich nichts unternehmen. Es gibt allerdings Rosen-Arten und -Sorten, die weniger salzempfindlich sind und daher auch an der Straße (und in Küstennähe) gut gedeihen, z. B. die Hybriden der Kartoffelrose (*Rosa rugosa*), wie 'Foxi', 'Dagmar Hastrup', 'Gelbe Dagmar Hastrup' und 'Pierette'.

? Bei meiner Rose sind im Sommer einige Triebe bräunlich geworden und abgestorben. Was ist die Ursache?

Möglicherweise konnten pilzliche Krankheitserreger in die Pflanze eindringen und den Trieb befallen. Solche Schadorganismen überdauern im Gartenboden, können aber nur über Wunden in die Triebe gelangen, z. B. wenn der Wurzelhals bei der Bodenbearbeitung verletzt wurde.
Schneiden Sie die abgestorbenen Triebe bis ins gesunde Holz zurück. Achten Sie bei der Bodenpflege darauf, der Rose mit der Hacke oder beim Jäten nicht zu nahe zu kommen.
Vorteilhafter ist, die Pflanzstelle der Rose zu mulchen und somit auf eine mechanische Bodenpflege verzichten zu können.

? Kann ich meine Beetrosen auch mit Torf anhäufeln, um sie vor Frost zu schützen?

Besser nicht! Torf saugt sich mit Wasser voll und bildet dann bei Minustemperaturen einen festen Eispanzer um den Rosenstock. Da sich Wasser beim Gefrieren ausdehnt, drückt der Panzer auf die Stammbasis und möglicherweise sogar auf die empfindlichste Stelle der Rose: die Veredlungsstelle. Verwenden Sie lieber lockere Garten- oder Lauberde bzw. grobes Kompostmaterial.

? Ich habe meine Beetrosen mit der Gartenerde, die um die Pflanzstelle herum ist, angehäufelt, aber das ist ihnen nicht gut bekommen. Ist Gartenerde zum Anhäufeln nicht geeignet?

Eigentlich schon, wenn sie locker und luftig genug ist. Allerdings sollte man die Erde nicht rund um die Rosen zum Anhäufeln zusammenkratzen. Dadurch wird die Bodendecke über den Rosenwurzeln zu dünn und schützt nicht mehr ausreichend vor Frost. Besser, Sie holen die Erde für das Anhäufeln aus einem anderen Gartenbereich oder verwenden Komposterde.

? Meine Strauchrose lässt ihre langen Triebe über meinen Gartenweg hängen, so dass ich schlecht daran vorbeikomme. Kann ich die störenden Zweige ohne weiteres wegschneiden?

Im Prinzip können Sie das tun. Eine andere Möglichkeit wäre, die Pflanzenteile mit dezenten Stützen zu versehen, damit sie nicht mehr ganz so ausladend sind. Beides ist jedoch schade: Manche Strauchrose wirkt gerade durch ihren bogig überhängenden Wuchs so malerisch. Sie verliert daher durch einen Schnitt oder durch Stützen viel von ihrem individuellen Charakter.
Gibt es in Ihrem Garten nicht einen Platz, an dem sich diese Rose ihrem Typ gemäß ungehindert entfalten kann? Dann pflanzen Sie sie doch lieber um, als ihren Wuchs zu beschneiden.

Rosenschnitt – leicht gemacht

Kaum ein anderes Gebiet der Gartenpraxis verursacht so viel Verunsicherung wie der Rosenschnitt. Schuld daran sind die verschiedenen Wuchstypen der Rosen, unterschiedliche Standortbedingungen und eigene Philosophien einzelner Rosenkenner. Dieses Kapitel hilft Ihnen, die Übersicht zu erhalten.

Am Rosenschnitt kommen Sie nicht vorbei. Nur ein richtiger Schnitt gewährleistet gesunde und wuchsfreudige Rosen, sorgt für die nötige Vitalität, eine ansprechende Wuchsform und aktiviert die Blühfreudigkeit.

Auch wenn dieses Thema auf den ersten Blick kompliziert erscheint, brauchen Sie nicht zu verzagen:

- Achten Sie auf die Schnitttermine (→ Seite 88/89) für die jeweiligen Rosenklasen.
- Einige Schnittmaßnahmen (→ Seite 90/91) gelten für alle Rosen gleichermaßen. Sie sind einfach zu verstehen und gut nachzuvollziehen.
- Wenn Sie wissen, welcher Klasse Ihre Rosen angehören, und die für diese Wuchstypen geltenden Schnittregeln (→ Seite 92–97) beachten, kann eigentlich nichts schief gehen.

Mit diesen Grundlagen und durch die Erfahrungen, die Sie mit der Zeit sammeln, wird der Rosenschnitt für Sie kein unüberwindbares Hindernis mehr sein. Glauben Sie mir, es ist gar nicht so schwierig!

Haben Sie etwas Mut!

Als Gartenbaustudentin verdiente ich mir gelegentlich etwas Taschengeld mit Gartenpflege. Zusammen mit einer Studienkollegin, die als Gesellin in einer Rosenbaumschule gearbeitet hatte (und von der ich entsprechendes Know-how abschauen konnte), schnitt ich eines Tages die Pflanzen einer Rosenliebhaberin. Da es sich um Beetrosen handelte, setzte meine Freundin die Schere kräftig an, so dass die Besitzerin der Rosen beim Anblick ihrer fertig geschnittenen Pflanzen entsetzt die Hände über dem Kopf zusammenschlug. Im darauf folgenden Sommer hatte uns die Rosenfreundin verziehen. Sie rief uns an und schwärmte, dass ihre Rosen noch nie so schön und reich geblüht hätten wie in diesen Monaten.

Nehmen Sie sich an dieser Geschichte ein Beispiel: Setzen auch Sie beim Rosenschnitt die Schere mit gutem Selbstvertrauen an. Ihre Rosen werden ganz bestimmt nicht darunter leiden – ganz im Gegenteil.

Ein fachgerechter Schnitt ist für Rosen eine Art Jungbrunnen – er garantiert, dass sie Jahr für Jahr reichlich Knospen ansetzen.

Die idealen Zeitpunkte für den Rosenschnitt

Die Anschaffung einer guten Schere lohnt sich: Bei den meisten Rosen kommt sie mehrmals pro Jahr zum Einsatz. Wann genau das ist, hängt von ihrem Standort und von der jeweiligen Klasse ab.

Frühjahrsschnitt, Sommerschnitt, Herbstschnitt – und das alles bei Rosen. Klingt kompliziert. Und doch ist es einfacher, als Sie zunächst denken. Der richtige Rosenschnitt ist keine Geheimlehre, die nur absolute Rosenprofis durchschauen können. Nach Lektüre der folgenden Absätze werden Sie garantiert wissen, wann die Rosenschere parat sein sollte.

Wenn die Augen der Rose schon etwas ausgetrieben haben, ist es allerhöchste Zeit für den Schnitt.

Der Frühjahrsschnitt

In einem Punkt sind sich die Rosenexperten beim Rosenschnitt einig: Der Rückschnitt erfolgt am besten im zeitigen Frühjahr. Und das hat ganz logische Gründe.
Theoretisch kann man Rosen während ihrer gesamten Ruhezeit zurückschneiden – also von Mitte Herbst bis Mitte Frühjahr. Es spricht jedoch vieles dafür, mit dem Rückschnitt bis zum spätestmöglichen Zeitpunkt zu warten:

- Schneidet man Rosen schon im Herbst, geht dabei einiges an Laub verloren – entsprechend weniger kann die Pflanze an Reservestoffen einlagern.
- Bereits zurückgeschnittene Rosen erleiden leichter Schäden durch strenge Fröste.
- Außerdem neigen sie dazu, im Frühjahr etwas zeitiger auszutreiben. Das aber erhöht die Gefahr, bei Spätfrösten einen Teil der Triebe für die erste Blüte zu verlieren.
- Wie der Winter wird, kann man nie vorhersagen. Im Frühjahr dagegen steht man sozusagen vor vollendeten Tatsachen und kann beurteilen, wie die Rosen über die frostigen Zeiten gekommen sind. Entsprechend erfolgt dann der Schnitt.
- Außerdem sind im Frühjahr die Augen viel besser zu erkennen. Das erleichtert die Entscheidung, wo am Trieb die Schere anzusetzen ist.

Aus all dem lässt sich unschwer der Schluss ziehen, dass der Frühjahrsschnitt dem Herbstschnitt vorzuziehen ist.

Der optimale Zeitpunkt

Einen genauen Termin für den Frühjahrsschnitt anzugeben macht wenig Sinn, da die Wetterlage jedes Jahr anders ist und auch in den unterschiedlichen Regionen verschieden ausfallen kann. Der Frühling ist in milderen Klimaten eben früher zu spüren als z. B. in Höhenlagen. Darauf reagieren natürlich auch die Pflanzen.

- Warten Sie in jedem Fall so lange, bis die strengsten Fröste vorüber sind.
- Danach gilt es, den optimalen Zeitpunkt zu erwischen. Dieser ist »theoretisch« dann gekommen, wenn die Rosenknospen einerseits schon gut entwickelt sind, andererseits die Rose noch keine Triebe gebildet hat, die man wegschneiden müsste – das wäre allerdings ein unnützer Kraftaufwand für die Pflanze.
- Als Faustregel wird empfohlen, darauf zu achten, wann die Knospen etwa auf halber Höhe der stärksten Triebe zu schwellen beginnen.

Nicht nur die Rose gibt Auskunft darüber, wann es so weit

Das regelmäßige Ausschneiden verwelkter Blüten dient sowohl der Optik als auch der erneuten Bildung von Knospen.

ist, zur Schere zu greifen. Auch in der Natur gibt es Anzeichen, die bei der Ermittlung des besten Schnittzeitpunkts helfen können (→ Tipp).

Keine Regel ohne Ausnahmen

Einmal blühende Strauchrosen (→ Seite 94) und einmal blühende Kletterrosen (→ Seite 96) schneiden Sie besser im Sommer nach der Blüte zurück. Der Grund: Beide Rosengruppen bilden ihre Blütenknospen an kurzen Seitentrieben, die sich im Vorjahr gebildet haben. Würde man die Rosen im Frühjahr zurückschneiden, wären diese Knospen weg – und die Blüte würde für diese Saison ausfallen.

Der Sommerschnitt

Bei öfter blühenden Rosensorten werden im Sommer verwelkte Blüten regelmäßig ausgeputzt. Einerseits kann man dies als Pflegemaßnahme (→ Seite 71) einstufen, weil die Pflanze dadurch immer gut aussieht. Auch gilt dies als vorbeugender Pflanzenschutz, weil abgestorbene Blüten leicht von Grauschimmel oder anderen Pilzen befallen werden können, die sich von dort aus schnell weiter verbreiten.
Im Prinzip handelt es sich jedoch eigentlich auch um eine Schnittmaßnahme. Schließlich wird durch das Entfernen verwelkter Blüten der Ansatz neuer Blütenknospen angeregt und gefördert, weil die Rose ihre Kraft dann nicht unnötigerweise in die Hagebutten- und somit in die Samenbildung steckt. Ob Sie nur die welke Blüte oder den ganzen Trieb abschneiden, hängt von der Rosenklasse ab (→ Seite 93).
Ab Spätsommer hört man mit dem Rückschnitt von verwelkten Blüten auf. Die Knospen sollen nun nicht mehr zum Austrieb angeregt werden: Junge Triebe reifen nicht rechtzeitig aus und fallen dem Frost zum Opfer. Ganz abgesehen davon, dass sie nicht mehr genügend Zeit haben, Blütenknospen zu bilden, die noch vor Wintereinbruch aufgehen. Lassen Sie die letzten Blütenstände im Spätsommer also einfach stehen. Manche Sorten haben dann noch die Chance, Hagebutten anzusetzen.

Der Herbstschnitt

Im Herbst sollten Sie lediglich bei Strauch- und Kletterrosen sehr lange Triebe ein wenig einkürzen. Sie beugen damit größeren Bruchschäden durch schwere Schneelasten oder starken Wind vor. Alternativ können Sie die Rosen auch durch ein zeltartiges Gestell aus Holzlatten schützen.

Tipp

ROSENSCHNITT ZUR FORSYTHIENBLÜTE

Für die Rosen ist nicht unbedingt dann Frühling, wenn es im Kalender steht: Wann der Winter für sie vorbei ist, bestimmen Standort und Witterung.
Den besten Zeitpunkt für den Frühjahrsschnitt können Sie von bestimmten Anzeichen aus der Natur in der Umgebung der Rosen ableiten: Achten Sie auf die Forsythien. Sobald sie blühen, kann der Schnitt beginnen.

› PRAXIS

Schnittmaßnahmen, die für alle Rosen gelten

Die Wachstumsgesetze und die Grundschnitte gelten für jede Rosenklasse gleichermaßen. Daher dürfen Sie alle Ihre Rosen bei den ersten Schritten des Rückschnitts über einen Kamm scheren.

Zugegeben: Rosen würden auch ohne Schnitt wachsen und blühen. Dennoch ist es bei den meisten Gartensorten vorteilhaft, regelmäßig die Schere anzusetzen, wenn Sie möglichst lange Ihre Freude an ihnen haben wollen.

Warum schneiden?

Ziel des Rosenschnitts ist es, alterndes Holz zu entfernen und die Pflanze dadurch immer wieder zur Bildung neuer Triebe anzuregen. Dabei sollten jüngeres und älteres Holz immer in einem guten Verhältnis zueinander stehen. So erhalten die Rosen ihre Vitalität über einen längeren Zeitraum, als wenn man sie sich selbst überließe. Jüngeres Holz ist natürlich auch blühfreudiger als älteres. Außerdem behalten die Rosensträucher durch regelmäßigen Schnitt eine ansprechende Form. Neben Langlebigkeit und Optik trägt der Rosenschnitt auch zur Gesunderhaltung der Pflanzen bei, wenn man kranke, schwache und anfällige Triebe regelmäßig entfernt. Zum anderen werden die Sträucher durch den Schnitt ausgelichtet. So kommt mehr Luft und Licht in die Pflanze. Das erschwert Schaderregern, vor allem Pilzkrankheiten, die Bedingungen für einen Befall.

Grundsätzliches

Es gibt einige Grundsätze, die für alle Rosenklassen gelten. Mit diesem Wissen fängt der Schnitt schon einmal gut an!

Das kleine Einmaleins der Wachstumsgesetze

Es gibt zwei Wachstumsgesetze, die Sie beim Rosenschnitt im Hinterkopf haben sollten:

■ Erstens: Je stärker Sie einen Trieb zurückschneiden, desto stärker treiben die verbliebenen Augen wieder aus. Das gilt natürlich umgekehrt genauso:

1

So setzen Sie die Schere an
Schneiden Sie die Triebe stets auf ein kräftiges Auge zurück. Der Schnitt sollte bei dünneren Trieben ca. 5 mm, bei stärkeren ca. 10 mm oberhalb des jeweiligen Auges liegen und nach außen leicht schräg sein.

2

Aststummel vermeiden
Schneiden Sie Triebe ohne Augen oder Triebe, die zu schwach sind, immer an ihrem Ansatz weg. Stehen gebliebene Aststummel trocknen sonst leicht ein oder dienen als Eintrittspforten für Krankheiten.

Je schwächer Sie zurückschneiden, desto schwächer ist der Neuaustrieb. Sie können also die Rose gezielt dazu anregen, längere bzw. kürzere Triebe zu bilden. Dies spielt z. B. bei Beet- und Edelrosen eine Rolle (→ Seite 92).

- Zweitens: Die obersten Augen werden von der Rose für den Austrieb bevorzugt. Das bedeutet, dass bei senkrecht stehenden Trieben immer die am weitesten oben befindlichen Augen austreiben. Wenn ein Trieb bogenförmig überhängt, treiben die Augen am stärksten aus, die sich auf der Oberseite des Triebes befinden; und von diesen wiederum diejenigen, die am höchsten Punkt der Biegung liegen. Das ist unter anderen dann wichtig, wenn man kahle Stellen an der Rose vermeiden bzw. zum Austrieb anregen möchte.

Allgemeine Schnittregeln

- Verwenden Sie zum Schneiden unbedingt eine scharfe, saubere Schere. Die Triebe sollen geschnitten und nicht gequetscht werden. Außerdem heilen glatte Schnitte besser.
- Achten Sie beim Schnitt darauf, nicht zu nah und nicht zu weit über einem Auge zu schneiden (→ Abb. 1). Sitzt der Schnitt zu dicht, können Sie leicht das Auge beschädigen. Ist er andererseits zu weit davon entfernt, kann der Triebteil oberhalb des Auges absterben.
- Setzen Sie die Schere stets leicht schräg vom Auge weg an. So läuft Regenwasser vom Auge weg ab und dringt auch nicht ins Mark ein.

Wenn möglich, sollte das Auge, auf das man zurückschneidet, immer nach außen weisen, damit die neuen Triebe nicht in das Strauchinnere wachsen.

- Entfernen Sie zuerst schwache, kranke oder abgestorbene Triebe (→ Abb. 2 und Abb. 3).
- Lichten Sie die Rose dann aus, und verjüngen Sie sie, indem Sie alte und überflüssige Triebe herausschneiden (→ Abb. 4 und Abb. 5).

Treten Sie zwischendurch immer wieder einmal ein paar Schritte zurück, um sich einen Überblick zu verschaffen. Nicht zuletzt soll der Rückschnitt ja ein harmonisches Gesamtbild ergeben.

3

Schwaches zuerst entfernen
Schneiden Sie zuerst alle abgestorbenen und kranken Triebe bis in das gesunde Holz zurück – falls erforderlich auch ganz weg. Triebe, die zu dünn oder zu schwach für Blüten sind, werden stark zurückgeschnitten.

4

Wichtig: Luft schaffen
Anschließend wird der Strauch ausgelichtet, damit er besser belüftet wird. Schneiden Sie dazu, falls erforderlich, ein bis zwei alte Triebe ganz heraus. Bei Trieben, die sich kreuzen (→ Abb.), entfernen Sie den schwächeren.

5

Keine Konkurrenz zulassen
Vermeiden Sie, dass zwei gleich starke Seitentriebe stehen bleiben. Schneiden Sie den unten liegenden etwas stärker zurück. Überflüssige Seitentriebe (→ Abb.) werden an ihrer Ansatzstelle abgeschnitten.

› PRAXIS

Beet-, Edel- und Zwergrosen richtig schneiden

Die niedrigsten Vertreter unter den Rosenklassen brauchen den stärksten Rückschnitt. Das kostet etwas Überwindung, doch die Pflanzen danken es mit Langlebigkeit und üppigem Blütenreichtum.

Seien Sie unbesorgt: Die Veredlungsstelle, aus der die Rose immer wieder neu austreibt, liegt – wenn Sie richtig gepflanzt haben – 5 cm unter der Erdoberfläche. So gesehen, geht Ihnen die Pflanze selbst bei einem zu stark geratenen Rückschnitt nicht verloren. Ganz bis auf den Boden zu schneiden wäre natürlich zu viel des Guten. Dennoch:

Einige alte Triebe werden bei Beet- und Edelrosen direkt am Boden weggeschnitten.

Auch, wenn es Überwindung kostet – für ein gutes Gleichgewicht zwischen älterem und jüngerem Holz und eine üppige Blüte muss man Beet-, Edel- und Zwergrosen bis auf einige Augen zurücknehmen.

Der Frühjahrsschnitt

Als Faustregel gilt, dass bei Beet-, Edel- und Zwergrosen höchstens ein Viertel der Triebe zwei Jahre oder älter sein sollte. Ein kräftiger Frühjahrsschnitt dient also der stetigen Verjüngung. Er verläuft bei allen drei Klassen ähnlich.

Augen zählen: Beetrosen

Die verschiedenen Beetrosensorten wachsen unterschiedlich stark, die Länge des Triebes zwischen zwei Augen variiert also. Deshalb ist es schwierig, Längenangaben für den Rückschnitt in Zentimeter anzugeben. Besser ist es, vom Boden aufwärts die Augen zu zählen.

- Im Regelfall schneidet man stärkere und ältere Triebe auf vier bis sechs, schwächere auf drei bis vier Augen zurück.
- Setzen Sie bei schwachwüchsigen Sorten die Schere etwas kräftiger an als bei starkwüchsigen.
- Seitentriebe, die näher am Boden wachsen, schneidet man etwas kürzer als erdfernere Triebe. Dadurch erzielen Sie einen stärkeren Austrieb in der unteren Strauchpartie. Im Folgejahr können Sie den länger gelassenen Trieb auf den unteren zurücknehmen. Dadurch wird die Rose an dieser

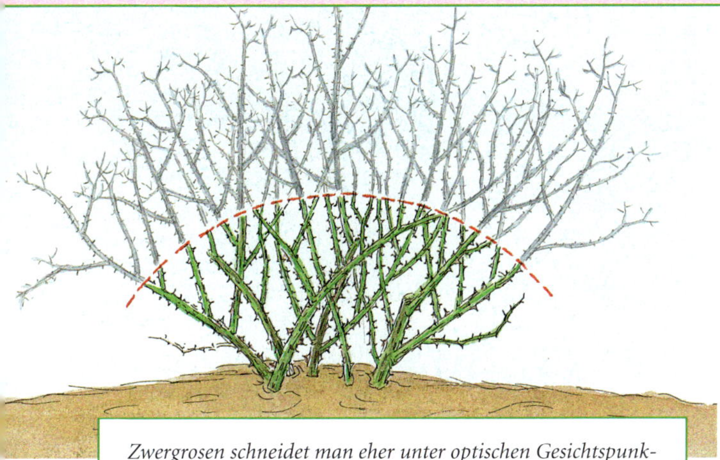

Zwergrosen schneidet man eher unter optischen Gesichtspunkten: Sie sollten eine schöne halbkugelige Form erhalten.

Stelle verjüngt. Zudem beugen Sie damit »nackten Beinen« vor, die die Rosen im unteren Bereich gern entwickeln.

Lange Stiele: Edelrosen

Im Prinzip werden Edelrosen nach dem gleichen »Schnittmuster« behandelt wie Beetrosen. Wenn Sie jedoch längere Stiele erzielen möchten – die man für den Vasenschnitt braucht –, schneiden Sie ähnlich wie bei schwachwüchsigen Beetrosen auf drei bis vier Augen. Dann erfolgt der Neuaustrieb entsprechend stärker.

Formsache: Zwergrosen

Bei den Rosen im Mini-Format geht man ebenso vor wie bei ihren größeren Schwestern. Da die Zwerge oft sehr vieltriebig sind, vereinfacht man sich den Schnitt ein wenig, indem man sie mehr in Form stutzt, als auf Augen oder Triebstärke zu achten. Daher schneidet man diese Rosenklasse auf 10–15 cm zurück – starkwüchsige etwas schwächer, schwachwüchsige etwas stärker. Lassen Sie dabei die Triebe in der Strauchmitte etwas höher als die am Rand gewachsenen, dann bekommt die Pflanze eine ansehnliche, halbkugelige Form.

Sommerliche »Scherenschnitte«

Im Sommer dient der Einsatz der Gartenschere dazu, die Knospenbildung für eine Nachblüte anzuregen und die Pflanze gesund zu erhalten (→ Seite 89).

Verblühtes wegschneiden

Vor allem Edelrosen stecken sehr viel Kraft in die Produktion von Hagebutten. Dementsprechend schwer tun sie sich mit dem Nachtrieb neuer Blütenknospen. Aber auch bei den anderen Klassen sollten Sie Verblühtes regelmäßig ausschneiden, damit sie ihre Energie nicht unnötig in den Ansatz von Samen stecken.

- Schneiden Sie dazu die Einzelblüten bei Edelrosen, wenn die Blütenblätter abzufallen beginnen. In der Regel wird empfohlen, abgeblühte Stängel von Edelrosen unter dem ersten vollständig ausgebildeten Laubblatt zu schneiden. Das ist meist das zweite Auge unter der Blüte. Würde man den Schnitt tiefer ansetzen, ginge der Pflanze zu viel wertvolle Blattmasse verloren. Zudem bräuchte sie dann zu lange bis zum nächsten Flor.
- Bei Beetrosen, die in Büscheln blühen, wartet man, bis etwa gut zwei Drittel der Blüten eines Büscheln verblüht sind. Auch wenn es schwer fällt: Dies ist der beste Zeitpunkt, den gesamten Blütenstand zu entfernen, weil die Rose dann zügiger für Nachschub sorgt. Was in diesen Büscheln noch nicht verblüht ist, brauchen Sie ja nicht unbedingt wegzuwerfen: Es gibt noch einen schönen Vasenschmuck ab.

Setzen Sie bei büschelblütigen Beetrosen die Schere unter dem ersten Laubblatt an. Zählen Sie die Augen dabei ab der Stelle, an der sich die Dolde verzweigt.

Blinde Triebe entfernen

Normalerweise befindet sich bei Rosen an jeder Triebspitze eine Blütenknospe. Bei manchen Edel- und Beetrosensorten kommt es witterungsbedingt gelegentlich vor, dass sie »blind« sind, also keine Blütenknospe haben. Solche Triebe schneidet man einfach mit zwei bis drei gut entwickelten Laubblättern zurück, damit sie neu austreiben können.

› PRAXIS

Strauch- und Flächenrosen richtig schneiden

Strauchrosen brauchen nicht so stark geschnitten zu werden wie Beet- und Edelrosen. Bei manchen Sorten reicht sogar – wie auch bei den Flächenrosen – ein Grundschnitt und die gelegentliche Verjüngung.

Genau genommen zählen zu den Strauchrosen nicht nur die einmal blühenden und öfter blühenden Sorten, sondern ebenso die meisten Wildrosen. Auch viele Alte Rosen sind Strauchrosen, die zu den einmal blühenden Sorten gehören.
Jede Gruppe hat ihre typischen Eigenarten, von denen der Schnitt abgeleitet wird. Dies trifft auch auf die Flächenrosen zu, die diesbezüglich unkompliziert sind.

Wildrosen (li.) und einmal blühende Strauchrosen (re.) werden gelegentlich etwas ausgelichtet.

Drei Variationen eines Schnittthemas

Ihrer Natur entsprechend, brauchen Wildrosen am wenigsten Zuwendung mit der Schere. Auch einmal und öfter blühende Strauchrosen benötigen nur einen moderaten Schnitt. Öfter blühende Strauchrosen blühen an Trieben unterschiedlichen Alters – und darin liegt auch der Unterschied, wie bei ihnen die Schere eingesetzt wird.

Wildrosen schneiden – ja oder nein?

Wildrosen und ihre Hybriden benötigen eigentlich gar keinen Schnitt. Im Gegenteil: Sie würden dadurch ihre natürliche Wuchsform einbüßen. Falls erforderlich, schneidet man im Frühjahr nur abgestorbene oder kranke Triebe heraus.
Die Sorten der Kartoffelrose (*Rosa rugosa*) neigen manchmal dazu, an älterem Holz etwas blühfaul zu werden. Hier hilft dann ein kräftiges Auslichten alter Triebe.

So schneiden Sie einmal blühende Strauchrosen

Auch einmal blühende Rosen schneidet man nur zurückhaltend. Manchmal wird sogar empfohlen, diese Klasse – wie die Wildrosen – gar nicht zu schneiden. Doch es hat sich gezeigt, dass der Strauch sich dann nur im oberen Bereich

Stärkere Triebe öfter blühender Strauchrosen auf zwei Drittel, schwächere auf ein Drittel kürzen.

von selbst verjüngt und dort mit der Zeit zu dicht wird. Einmal blühende Strauchrosen bilden ihre Blütenknospen an den Seitentrieben von ein- bis mehrjährigem Holz. Würden Sie die Rosen so schneiden wie Beetrosen, fiele die Blüte aus.

- Beschränken Sie sich also darauf, diese Strauchrosen nur von kranken und abgestorbenen Trieben zu säubern.
- Nehmen Sie bei ausgewachsenen Exemplaren gelegentlich im Frühjahr ein bis zwei alte Triebe, die nur noch wenig geblüht haben, ganz heraus. Das regt den Strauch an, auch aus der Basis wieder neue Triebe zu bilden und sich somit von unten zu verjüngen. Als Ideal gilt ein Verhältnis von drei Vierteln älterem zu einem Viertel jüngerem Holz.
- Im Sommer wird Verblühtes in der Regel nicht geschnitten: Da diese Gruppe nur einmal blüht, braucht sie keine Kraft für eine Nachblüte. Zudem ist bei einmal blühenden Rosen auch der Fruchtschmuck gewünscht, den man durch das Ausputzen ja entfernen würde.

So schneiden Sie öfter blühende Strauchrosen

Anders als die einmal blühenden Strauchrosen bilden die öfter blühenden Sorten ihre Blütenknospen sowohl an den Seitentrieben von älteren als auch von kräftigen diesjährigen Trieben. Daher strebt man mit dem Schnitt eine Verjüngung der Pflanze an, wobei etwa ein Drittel älterer Triebe erhalten werden soll.

- Um den Austrieb von jungem Holz von der Strauchbasis anzuregen, nimmt man nach dem üblichen Reinigungsschnitt alljährlich 1–2 alte Triebe in Bodennähe heraus.
- 5–8 kräftige Triebe reichen zum Aufbau eines schönen Strauchs aus.
- Zurückgefrorene oder nicht mehr blühwillige Triebe werden eingekürzt. Den Wachstumsgesetzen (→ Seite 90) zufolge belässt man kräftige Triebe dabei etwas länger; schwächere dagegen schneidet man kürzer. Seitentriebe, die näher am Boden sind, werden um einige Augen stärker zurückgeschnitten als solche, die etwas höher sitzen. Durch diese Schnittmaßnahmen wird der Strauch angeregt, auch in den unteren Bereichen neue Triebe zu bilden.
- Denken Sie beim Rückschnitt auch stets an die Optik: Die Strauchrose sollte nach dem Schnitt einen harmonischen, eher pyramidenförmigen Aufbau aufweisen.
- Bei den öfter blühenden Sorten muss Verblühtes im Sommer ausgeputzt werden, damit der Strauch Kraft für die Bildung neuer Blütenknospen hat. Nehmen Sie die abgeblühten Blütenstände – ähnlich wie bei Beetrosen (→ Seite 93) – auf ein kräftiges Auge zurück.

Einfach unkompliziert: Flächenrosen

Bei der Züchtung von Flächenrosen hatte man in erster Linie ihre Verwendung im öffentlichen Grün im Auge. Das heißt: Das Bedürfnis nach arbeits- und zeitaufwändigen Schnittarbeiten wurde diesen Sorten von Anbeginn abgewöhnt. Entsprechend leicht haben Sie es jetzt auch mit den Flächenrosen im Hausgarten.

Ein Schnitt mit der Heckenschere

Wenn Sie Flächenrosen quasi als Beetrosen verwenden, können Sie sie auch ähnlich wie Beetrosen schneiden. Dabei brauchen Sie nicht unbedingt die Augen zu zählen: Schneiden Sie die Rosen einfach um die Hälfte zurück.
Wenn Sie Flächenrosen tatsächlich als Flächendecker gepflanzt haben, müssen Sie sich noch weniger Mühe machen: Dann reicht es aus, die Rosen alle 2–3 Jahre zu verjüngen, indem Sie sie zur Hälfte zurückschneiden. Wenn Sie mögen, geht das sogar mit der Heckenschere!

› PRAXIS

Kletter- und Hochstammrosen schneiden

Einmal blühend oder öfter blühend? Davon hängen Art und Zeitpunkt des Schnitts bei den Kletterrosen ab. Bei Hochstammrosen dagegen richtet man sich danach, welcher Rosenklasse sie angehören.

Auch bei den Kletterrosen sollten Sie wissen, ob diese einmal oder öfter blühend sind, denn beide Gruppen blühen an unterschiedlichem Holz. Das hat natürlich entsprechende Konsequenzen für den Schnittzeitpunkt (→ Seite 89).

Richtig schneiden und aufbinden

Bei Kletterrosen erfolgt mit dem Schnitt auch stets das Formieren und Anbinden. Wie Sie genau dabei vorgehen, hängt von der Gruppenzugehörigkeit der Rose ab.

So schneiden Sie einmal blühende Kletterrosen

Einmal blühende Sorten blühen in erster Linie an einjährigen Langtrieben. Wenn man diese zum üblichen Termin im Frühjahr schneidet, nimmt man der Rose das beste Blütenholz weg. Deshalb findet im Frühjahr lediglich ein Grundschnitt (→ Seite 90) statt. Den Hauptschnitt erledigt man direkt nach der Blüte (→ Abb. 1). Als Ideal strebt man an, dass die Rose möglichst nur Jungtriebe aufweist. Sind bereits genügend Neutriebe gewachsen, nimmt man die meisten Haupttriebe, die bereits geblüht haben, zurück. Dabei schneidet man sie ganz aus der Pflanze heraus oder kürzt sie auf einen kräftigen, jüngeren Seitentrieb. Dieser wird dadurch zu einem Haupttrieb. Schwache Jungtriebe werden entfernt. Alle anderen bindet man an das Rankgerüst. Bei einem flächigen Spalier ordnet man sie dafür gleichmäßig verteilt bogenförmig als Fächer an. Die Vertreter dieser Rosengruppe belauben sich in der Regel auch in den unteren Pflanzenpartien gut. Deshalb kann man sie auch ohne weiteres locker verteilt senkrecht anbinden, z. B. an Rosenbögen oder Obelisken.

So schneiden Sie öfter blühende Kletterrosen

Im Gegensatz zu den einmal blühenden Kletterrosen bilden die öfter blühenden Sorten hauptsächlich an zwei- und mehrjährigen Trieben mit vielen Seitentrieben Blütenknospen aus. Idealerweise bestehen Pflanzen aus dieser Gruppe zu zwei Teilen aus zwei- und mehrjährigen Trieben, zu einem Teil aus Jungtrieben. Um stets etwas Neuaustrieb zu gewährleisten, sollten Sie im Frühjahr ein bis zwei der ältesten Äste ganz aus der Pflanze herausschneiden

Praxisinfo

DIE BESONDERHEITEN BEI RAMBLERN

Einmal blühende Rambler sind meist sehr starkwüchsig und können altes Holz mit neuen Trieben überwuchern.

- Entfernen Sie daher nur totes und krankes Holz und schneiden Sie gelegentlich nach der Blüte ein bis zwei alte Triebe an der Basis weg.
- Falls erforderlich, können Sie Rambler radikal verjüngen, indem Sie nach der Blüte alle Triebe – bis auf die in diesem Jahr gewachsenen – an der Basis abschneiden.

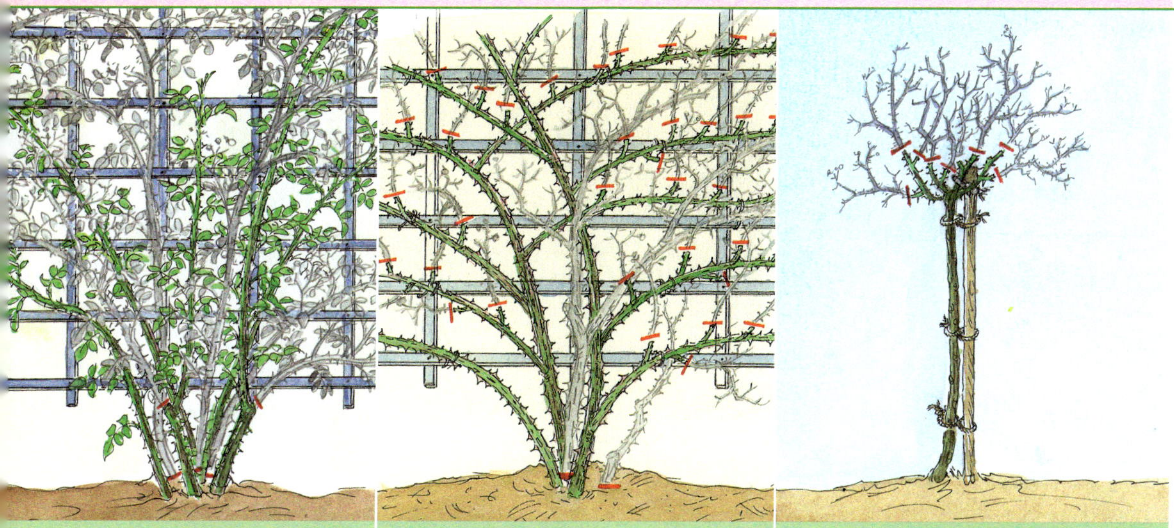

1 **Einmal blühende Kletterrosen**
Schneiden Sie einmal blühende Sorten direkt nach der Blüte. Entfernen Sie dabei an der Basis ältere Triebe, die bereits geblüht haben. Diese Schnittmaßnahme regt den Austrieb junger Triebe an, die im Folgejahr dann blühen.

2 **Öfter blühende Kletterrosen**
Bei öfter blühenden Rosen sollten etwa zwei Drittel des Blüten tragenden, älteren Holzes erhalten bleiben. Deshalb nimmt man im zeitigen Frühjahr lediglich ein bis zwei der ältesten Triebe in Bodennähe zurück.

3 **Hochstammrosen schneiden**
Bei den Kronen der Hochstammrosen ist die Form noch wichtiger als bei anderen Rosen. Achten Sie darauf, dass die Haupttriebe gleichmäßig verteilt sind und die Krone nach dem Schnitt harmonisch aussieht.

(→ Abb. 2). Verfahren Sie ebenso mit den schwachen Trieben. Die Seitentriebe an den verbliebenen Leitästen werden auf zwei bis drei Augen gekürzt. Binden Sie nach dem Schnitt die Triebe starkwüchsiger Sorten möglichst fächerförmig gebogen an die Rankhilfe an. Sie belauben sich sonst in den unteren Partien schlecht. Schwachwüchsige Sorten können Sie auch an senkrechten Stützen ziehen.
Im Sommer sollten Sie Verblühtes regelmäßig zurückschneiden (→ Seite 89), um eine Nachblüte anzuregen. Das Entfernen von überflüssigen und schwachen Trieben im Lauf des Sommers sorgt dafür, dass diese den Kletterrosen nicht unnötig Kräfte rauben.

Eine Klasse für sich: Hochstammrosen

Achten Sie Sie beim Schnitt der Hochstammrosen (→ Abb. 3) darauf, dass Sie die Schere nicht direkt an der Veredlungsstelle an der Kronenbasis ansetzen. Nehmen Sie zunächst abgestorbenes, krankes oder schwaches Holz heraus.
Schneiden Sie dann die Rose nach den für die Klassen üblichen Schnittregeln:

- Gehört die Edelsorte der Klasse öfter blühender Kletterrosen an, dann lichten Sie alte Triebe vorsichtig aus und kürzen – falls nötig – die Haupttriebe ein. Nehmen Sie die Seitenäste auf ein bis zwei Augen zurück.
- Kürzen Sie bei Beet- und Edelrosen die Triebe – je nach ihrer Wuchsstärke – auf drei bis sechs Augen.
- Handelt es sich bei der Edelsorte um eine Flächenrose, dann lichten Sie bei Bedarf die Krone etwas aus und nehmen die verbliebenen Triebe auf etwa die Hälfte zurück.
- Schneiden Sie einmal blühende Sorten nach der Blüte.
- Putzen Sie bei öfter blühenden Sorten im Sommer Verwelktes regelmäßig aus.

› FRAGE & ANTWORT

Expertentipps rund um den Rosenschnitt

Wenn man mit der Schere vor der Rose steht, ist das immer noch etwas anderes, als wenn man theoretisch verstanden hat, worum es beim Schnitt geht. Auch gibt es im Garten immer wieder besondere Situationen, die natürlich Fragen aufwerfen. Auf viele davon finden Sie hier eine Antwort.

? Nach dem Schnitt sind aus einem Auge mehrere Triebe entstanden. Kann ich sie einfach so wachsen lassen?

Bei einigen starkwüchsigen Sorten kommt es gelegentlich vor, dass sich nach dem Schnitt aus einem Auge mehrere Triebe bilden. Ließe man sie wachsen, machten sie sich gegenseitig Konkurrenz. Reißen Sie alle Triebe bis auf den stärksten vorsichtig ab.

? Die Pflanzen auf meinem kleinen Rosenbeet haben immer schön geblüht, aber seit einiger Zeit lassen sie etwas nach. Woran kann das liegen?

Auch Rosen kommen in die Jahre und treiben und blühen dann nicht mehr so willig. Versuchen Sie es zunächst einmal mit einer Verjüngungskur und schneiden Sie die Rose zum üblichen Schnitttermin im zeitigen Frühjahr kräftig zurück. Das regt die Pflanze dazu an, aus der Basis neue Triebe zu bilden. Kombinieren Sie diese Maßnahme mit einer Gabe eines Langzeitdüngers (Hinweise des Herstellers beachten).
Wenn die Rose dann in diesem Jahr nicht besser wächst und blüht als vor der Verjüngungskur, hat sie ihre besten Zeiten tatsächlich hinter sich. Dann sollten Sie sie lieber gegen eine neue Pflanze austauschen. Setzen Sie diese aber bitte nicht an dieselbe Stelle: Dort ist der Boden höchstwahrscheinlich »rosenmüde« geworden (→ Seite 46).

? Welche Art von Schere ist für den Rosenschnitt die beste?

Die meisten Rosenprofis bevorzugen die so genannten Bypass-Scheren. Sie funktionieren, indem zwei geschliffene Klingen scherenartig aneinander vorbeigleiten. Das ermöglicht einen Schnitt nahe am Stamm. Durch die schlanken Klingen kann man auch an unzugänglicheren Stellen arbeiten. Bypass-Scheren eignen sich besonders für junges und frisches Schnittgut – womit man es beim Rückschnitt von Rosen in der Hauptsache zu tun hat.
Dickeres, trockenes Altholz schaffen Amboss-Scheren besser. Sie haben eine scharfe Klinge, die auf eine gerade Fläche trifft. Sie sind robuster, können aber die Triebe beim Schnitt quetschen.
Achten Sie auf jeden Fall darauf, dass Ihnen die Schere gut in der Hand liegt und eine angenehme Größe hat. Manche Modelle sind für Links- und Rechtshänder gleichermaßen geeignet. Es werden aber auch spezielle Linkshänderscheren angeboten.
Außerdem ist es von Vorteil, wenn man die Schere zum Reinigen leicht auseinander nehmen kann.

? Im Fachhandel habe ich eine Rosengreifschere bzw. Präsentierschere gesehen. Wozu dient sie?

Die Klingen der Rosengreifschere sind so beschaffen, dass Sie den Trieb erst schneiden und dann festhalten. Sie sind in erster Linie für den Vasenschnitt gedacht: Die Blütenstiele fallen nicht zu Boden, sondern werden mit der Schere aus dem Strauch herausgenommen. Im Prinzip ist das auch beim Rückschnitt der Rosen praktisch, weil man dann das stachelige Schnittgut nicht anfassen muss und gleich zum Wegräumen in einen Eimer fallen lassen kann. Allerdings schaffen diese Scheren keine dicken Triebe. Außerdem sind ihre Griffe so konstruiert wie die einer Haushaltsschere, liegen daher weniger komfortabel in der Hand und übertragen die Kraft nicht besonders gut. Rosengreifscheren rentieren sich also nur für Blumenliebhaber, die häufig Blüten – auch von anderen Pflanzen – für die Vase schneiden. Mit manchen Modellen lassen sich auch noch die Stacheln abstreifen.

? Wie kriege ich meine Rosenschere sauber und scharf?

Nur saubere, gerade Schnitte heilen gut und geraten nicht so leicht zur Eintrittspforte für Krankheitserreger. Deshalb sollten Sie Ihre Rosenschere ein- bis zweimal im Jahr gründlich reinigen und die Schere dazu auch auseinander nehmen.
Durch den Gebrauch können die Metallteile etwas Rost ansetzen. Außerdem bleiben Rückstände von Pflanzensäften und Fremdkörper daran haften; die Schere wird schwergängig und schneidet dadurch unsauber.

- Den Rostansatz können Sie mit einem feinen Schleifpapier entfernen. Dadurch verschwinden auch die Pflanzensaftrückstände und andere störenden Stoffe.
- Geben Sie etwas Öl an alle beweglichen Scherenteile, um Korrosion vorzubeugen und die Schere wieder leichtgängig zu machen.
- Zum Schleifen der Schere benötigen Sie einen flachen, feinkörnigen Abziehstein. Legen Sie ihn vor dem Schleifen einige Stunden in Wasser und feuchten Sie ihn auch beim Schleifen häufig an, damit es einen möglichst großen Abrieb gibt. Die Klingen werden jeweils nur an der Seite geschärft, die nicht mit der Gegenklinge in Berührung kommt, also nur an der Außenseite.
- Drücken Sie die Schere mit einer Hand fest auf einen Tisch. Halten Sie mit der anderen den Abziehstein in dem Winkel an die Klinge, der dem des vorhandenen Anschliffs entspricht.
- Schärfen Sie die Klinge, indem Sie sich Stück für Stück mit kreisenden Bewegungen daran vorarbeiten. Durch gleichmäßige Bewegungen und starkes Aufdrücken erzielen Sie die besten Ergebnisse. Bis die Klinge wieder richtig scharf ist, müssen Sie schon einige Minuten investieren.

? Ich bin umgezogen. In meinem neuen Garten steht eine Strauchrose, die jedoch einen recht vernachlässigten Eindruck macht. Kann ich sie retten?

Da Rosen ein erstaunliches Regenerationsvermögen haben, lohnt es sich, wenn Sie es mit einem starken Rückschnitt versuchen.
In Ihrem Fall ist eine Verjüngung in zwei Etappen empfehlenswert. Der Strauch macht dann keinen so sehr zurechtgestutzten Eindruck, und er kann sich außerdem von der Basis her gut neu aufbauen.

- Nehmen Sie dazu im zeitigen Frühjahr die üblichen Grundschnitte vor (→ Seite 90).
- Schneiden Sie dann etwa die Hälfte der Haupttriebe ganz aus dem Strauch heraus. Lassen Sie nur die kräftigsten stehen.

Es kann sein, dass die Rosenschere dafür nicht ausreicht. Nehmen Sie stattdessen eine Astschere mit langen Griffen oder eine spezielle Baumsäge.

- Kürzen Sie die Seitentriebe an den verbleibenden Haupttrieben auf etwa 15 cm ein.
- Zum Rückschnitttermin im darauf folgenden Frühjahr entfernen Sie dann die im Vorjahr belassenen, alten Haupttriebe.

? Ich habe gerade eine Kletterrose an ein Spalier gepflanzt. Sie soll eine unschöne Wand kaschieren. Kann ich das Zuwachsen beschleunigen?

Je nach vorhandenem Platz schneidet man eingewachsene, öfter blühende Kletterrosen eher etwas zurückhaltend – vor allem die starkwüchsigen Sorten.
Wenn noch Fläche zu begrünen ist, können Sie etwas kräftiger vorgehen. Verteilen Sie die Triebe möglichst im gleichmäßigen Abstand und binden Sie sie bogenförmig wie einen Fächer an der Rankhilfe an. Um die Entwicklung kräftiger, langer Triebe zu erzeugen, schneidet man im ersten Jahr einen Teil der Triebe, im Folgejahr den anderen Teil etwas stärker zurück als üblich. Der kräftigere Austrieb kann die Lücken flott schließen. Sorgen Sie dafür, dass die Rose ausreichend kaliumbetonten Dünger, Licht und Wasser hat.

Was tun, wenn ...

... die Hochstammrose erfroren ist?

Ursache:

Die Veredlungsstelle im Kronenbereich war nicht ausreichend vor Frost geschützt.

Maßnahmen:

› Man kann die Unterlage mit dem Stamm neu veredeln.
› Falls die Rinde bereits zu dick für eine Okulation ist, kann man versuchen, von der Pflanzenbasis einen neuen Wildtrieb aufzuziehen. Dieser muss kräftig und unverzweigt sein. Im Juli setzt man auf der gewünschten Höhe zwei Edelaugen ein.

... verstärkt Wildtriebe entstehen?

Ursachen:

1. Bei frisch gepflanzten Rosen kann es sein, dass zu lang gebliebene Wurzeln im Pflanzloch umgeknickt sind. Dadurch treiben sie sehr leicht Schösslinge aus.
› Heben Sie bei der Pflanzung das Pflanzloch so groß aus, dass die Wurzeln gut Platz haben und ausgebreitet werden können, ohne an den Spitzen umzuknicken.
› Zu lange Wurzeln können Sie beim Pflanzen mit einer Schere etwas einkürzen. Achten Sie dabei auf eine möglichst kleine und saubere Schnittfläche.

2. Es kommt auch vor, dass ein Wildtrieb der Wurzelunterlage nicht komplett entfernt wurde, was dann schlafende Augen verstärkt zum Austrieb anregt.
› Graben Sie das Pflanzloch so weit auf, bis Sie die Ansatzstelle der Wildtriebe an der Wurzelunterlage komplett freigelegt haben. Reißen Sie dann die entstandenen Wildtriebe gegen die Wuchsrichtung mit einem kräftigen Ruck vollständig ab.

... die Kletterrose kräftig grünt und blüht, aber »nackte Beine« hat?

Ursache:

Kletterrosen, die gerade nach oben gebunden werden, treiben im unteren Bereich kaum aus.

Maßnahmen:

› Eine Belaubung bis in die untersten Partien erreicht man selten. Um Augen dort zu fördern, bindet man die Triebe waagerecht an das Rankgerüst.
› Am besten ist es, mit etwas Abstand Partner vorzupflanzen, die die »nackten Beine« der Rose charmant verdecken, z. B. Rittersporn oder eine Clematis.

... die Rose einseitig erfroren ist?

Ursache:

Durch kalte Winde, besonders an Tagen mit Kahlfrost, kann der Rosenstrauch einseitig erfrieren oder austrocknen.

Maßnahmen:

› Schneiden Sie die Rose bis in das lebendige Holz (mit weißem Mark) zurück. Auf der unbeschädigten Seite möglichst ähnlich schneiden, damit sich die Rose gleichmäßig aufbauen kann.
› Zur Vorbeugung die Rose gegen kalte Winde mit Nadelreisig oder Schilfmatten schützen.

... die Strauchrose schief wächst?

Ursache:

Möglicherweise sind benachbarte Gehölze so groß geworden, dass die Rose jetzt von einer Seite zu viel Schatten bekommt und unter Wurzeldruck steht. Dementsprechend wächst sie auf der sonnigen Seite besser und kümmert auf der schattigen.

Maßnahmen:

› Man könnte das Wachstum durch Schnitt etwas ausgleichen, indem man die stärker wachsenden Triebe schwächer, die schwach wachsenden dagegen stärker schneidet. Letztere treiben dadurch kräftiger aus und umgekehrt. Als Dauerlösung ist das jedoch nicht zu empfehlen.

› Sie können die Nachbargehölze so zurückschneiden (oder entfernen), dass die Rose wieder mehr Sonne abbekommt. Wenn man sie dann kräftig schneidet, treibt sie von der Pflanzenbasis neu aus. Die Rose entwickelt sich wieder zu einem ausgewogenen Strauch.

› Als Alternative bietet es sich an, die Rose an eine andere Stelle zu pflanzen, die ihr bessere Lichtverhältnisse zu bieten hat.

... die Rosen nicht recht austreiben?

Ursache:

Ziehen Sie an der Pflanze: Sitzt sie locker und hat nur wenig Wurzeln, dann sind Wühlmäuse am Werk.

Maßnahmen:

› Die beste Lösung: Schaffen Sie sich einen kräftigen Kater an.

› Fallen helfen nur in aktiven Gängen. Öffnen Sie einen Gang: Ist er am nächsten Tag wieder zu, wird er von Mäusen benutzt.

› Legen Sie Fallen vor Gebrauch mindestens eine Woche in den Garten: Wühlmäuse meiden den menschlichen Geruch. Fassen Sie die Fallen auch nur mit alten Gartenhandschuhen an.

› Wühlmausfallen, die von beiden Seiten begangen werden können, sind effektiver.

... angebundene Triebe von Strauch- und Kletterrosen abgeknickt sind?

Ursache:

Bei Strauchrosen mit langen Trieben oder bei Kletterrosen brechen die Zweige ab, weil sie mit zu wenig Bindestellen fixiert wurden.

Maßnahmen:

› Falls Triebe abgeknickt sind, schneidet man sie einfach auf das nächste, gut entwickelte Auge zurück.

› Damit das gar nicht erst passiert, sollten Sie längere Triebe gleich an mehreren Stellen befestigen.

› Gelegentlich länger gewordene Triebe erneut anbinden. Achten Sie am besten beim regelmäßigen Ausputzen gleich mit darauf, ob dies eventuell erforderlich ist.

› Binden Sie die Triebe nicht zu stramm fest, dann haben sie ausreichend Bewegungsspielraum und scheuern nicht am Rankgitter. Am besten eignet sich dafür eine so genannte Achterschlaufe. Knüpfen Sie dabei zwischen Rosentrieb und Rankgerüst einen Knoten, der dann wie ein Puffer wirkt.

› Zum Anbinden eignen sich natürliche Materialien wie dicke Kokos- oder Jutestricke, aber auch spezieller mit dickem, gummiartigem Kunststoff umhüllter Bindedraht. Der dickere Durchmesser und die Weichheit dieser Bindematerialien schützen die Triebe sehr gut vor dem Abknicken.

3

Porträts

Die besten Sorten für jeden Verwendungszweck

Auch in einem Buch, in dem es vor allem um Rosenpraxis geht, sind Sortenempfehlungen sinnvoll: Die beste Pflanzung und Pflege bewirken wenig, wenn die Sorte nicht zu Standort und Verwendung passt.

Ein Rankobelisk von zwei Meter Höhe und die Rose 'Bobby James' ergeben ein Paar, dessen Ehe auf Dauer nicht glücklich enden wird: Selbst ein noch so fachgerechter Schnitt wird den starkwüchsigen Rambler mit seinen vier bis fünf Meter langen Trieben nicht so bändigen können, dass er sich mit der ihm angebotenen Kletterhilfe anfreundet. Was für den Verwendungszweck gilt, kann für den Standort gar nicht oft genug gesagt werden: In rauen Lagen oder an halbschattigen Gartenplätzen kommt nicht jede Rose zurecht.
Auf den folgenden Seiten finden Sie zu den verschiedenen Rosenklassen Sortenporträts mit Hinweisen zu Wuchsform, Winterhärte, Krankheitsanfälligkeit und ihrer Eignung für spezielle Standorte.

Die nur etwa 2 m hoch werdende Kletterrose 'Hamburger Phönix' passt zur Größe des Rankobelisken.

Für jeden Garten die richtige Rose

Zwar sind Standort (→ Seite 40) und Verwendungszweck (→ ab Seite 18) einschränkende Faktoren bei der Wahl der Sorte. Sie brauchen Ihre persönlichen Vorlieben aber keineswegs gänzlich außer Acht zu lassen! Die Züchter haben fast für alles eine Lösung parat.

Von Träumen und Trends

Einerseits sind heute Rosen mit dicht gefüllten, nostalgischen Blüten gefragt, die am liebsten auch noch duften sollen. Eine Renaissance der Alten Rosen also, der in diesem Buch daher mit zwölf Sortenporträts Rechnung getragen wird.
Es gibt aber auch einen Boom neuer Sorten mit dem Charme vergangener Zeiten, die den heutigen Ansprüchen an eine lange Blühperiode, guter Winterhärte und Krankheitsresistenzen genügen.
Dabei hat sich speziell bei der Klasse der Edelrosen, die bislang als schwer zu umsorgende Diven galten, viel getan.

Robust und gesund

Gartenfreunde legen bei ihrer Sortenwahl immer mehr Wert auf unkomplizierte und pflegeleichte Rosen. Auch in dieser Hinsicht setzen Züchter bei der Auslese ihrer neuen Sorten Schwerpunkte. Das Ergebnis sind oft sehr robuste und gesunde Rosen mit halbgefüllten oder ungefüllten Blüten. Letztere zeigen ihre Stärken vor allem in Gegenden mit viel Niederschlägen, denn sie sind natürlich sehr regenfest.
Darüber freuen sich auch Ihre nützlichen Gartengäste: Bienen, Hummeln und andere Bestäuber haben bei solchen offeneren Blütenformen einen ungehinderten Zugang zu den Staubgefäßen. Und so ist es auch für den Rosenfreund ein wunderbares Schauspiel, wenn sie sich dort zum Sammeln der Pollen einfinden.
Für naturnahe Gärten, in denen robuste Sorten gefragt sind, sind Flächenrosen angesagt. Dabei entwickeln manche von ihnen ein Talent als extra

'Heidetraum' (li.) und 'Schöne Dortmunderin' (re.) zählen zu den robusten Flächenrosen mit ADR-Auszeichnung. Auf Stämmchen veredelt, überzeugen sie durch Gesundheit und üppige Blüte.

pflegeleichte Alternative zu Beetrosen. Dazu zählen z. B. die leuchtend rote Sorte 'Heidefeuer', die weiß blühende 'Schneeflocke' und die gelbe 'Loredo', die 2001 das ADR-Zeichen erhielt.

Zu den Rosenporträts

- Der Übersichtlichkeit halber können Sie im Porträtteil anhand der Symbole sofort erkennen, welche Sorte sich auch mit halbschattigen Plätzen zufrieden gibt und welche als Topfrose in Frage kommt.
- In der nächsten Spalte stehen Angaben zu Blütenfarbe und Blütenform und dazu, ob die Sorten einmal-, öfter- oder gar dauerblühend sind.
- Außerdem sind die Verwendungsmöglichkeiten der einzelnen Sorten aufgeführt sowie Besonderheiten zum Aussehen oder zur Widerstandsfähigkeit gegen Krankheiten, Schädlinge oder gegen schlechte Standortbedingungen.

Wuchshöhe und -breite

Anders als in den meisten Rosenbüchern üblich, finden Sie in diesem neben Hinweisen zur Wuchshöhe auch die endgültige Breite der Sorten. Das hilft enorm bei der Abschätzung des Platzbedarfs der einzelnen Pflanzen, den man unbedingt bei der Planung berücksichtigen sollte. Sonst kann es passieren, dass Sie die Rosen nach einigen Jahren umsetzen müssen, weil sie sich nicht richtig entfalten können und auch nicht luftig genug stehen, um dauerhaft gesund zu bleiben. Diese Angaben können allerdings nur Richtwerte sein: Auf leichteren Böden und nicht ganz optimalen Standorten bleiben die Pflanzen kleiner und gedeihen nicht so üppig, während sie bei guten Bedingungen auf mittelschweren Böden größer werden.

Besonders teamfähig

BEETROSEN

	Name	Standort	Blütenfarbe Blührhythmik	Höhe/Breite Aussehen	Besonderheiten	Verwendung
	‘Apricola’ *Kordes 2000 ADR-Rose 2001*	hell	gelborange, aprikosenfarben, im Verblühen in helles Apricot und Rosa übergehend; gefüllt, mittelgroß; öfter blühend	80 cm hoch; 60 cm breit; breitbuschiger, kompakter Wuchs, gut verzweigt; dunkles Laub	außergewöhnliche Blütenfarbe; sehr große Widerstandskraft gegen Sternrußtau und Echten Mehltau	als kleinere oder größere Gruppe im Beet; in Kombination mit Stauden; auch als Hochstamm (90 cm) und Halbstamm (60 cm) erhältlich
	‘Bernsteinrose’ *Tantau 1987*	hell, Topfrose	bernsteingelb; nostalgische Form, dicht gefüllt, in Büscheln, mittelgroß, früher Blühbeginn; öfter blühend; guter Duft	60 cm hoch; 35 cm breit; starker Wuchs, breitbuschig, gut verzweigt; dunkles Laub	auffällige Blütenfarbe, lange Blütezeit; sehr wetterfeste Blüten	als kleinere oder größere Gruppe im Beet; auch als Hochstamm (90 cm) erhältlich; für den Schnitt geeignet
	‘Bonica 82’ *Meilland (F) 1982 ADR-Rose 1982*	hell, halbschattig, Topfrose	rosa bis hellrosa; mittelgroße, gut gefüllte Blüten in Büscheln; dauer- und reichblühend	80 cm hoch, 80 cm breit; mittelstarker, buschiger, locker verzweigter, aufrechter Wuchs	überaus reichblühend; verträgt auch heiße Standorte, sehr robust, regenfest und frosthart	als Gruppe im Beet, auch als Flächendecker; für den Schnitt geeignet; als Hochstamm (90 cm) und Halbstamm (60 cm) erhältlich
	‘Brautzauber’ *Noack 1999 ADR-Rose 1999*	hell	weiß, bei kühlem Wetter im Aufblühen rosa überhaucht; halbgefüllt, kleine Blüten in Büscheln; öfter und reichblühend	70–80 cm hoch; 80 cm breit; breitbuschiger, lockerer Wuchs	im Herbst lang anhaftendes Laub; sehr gesund und frosthart; resistent gegen Pilzkrankheiten	als kleinere oder größere Gruppen in Beeten und Rabatten; auch als Hochstamm (90 cm) und Halbstamm (60 cm) erhältlich
	‘Friesia’ *Kordes 1973*	hell, Topfrose	intensiv goldgelb, im Verblühen aufhellend; mittelgroße, halbgefüllte Blüten in Büscheln; dauerblühend; starker Duft	70 cm hoch; 50 cm breit; mittelstarker, hochbuschiger Wuchs; schnell nachtreibend	auch für heiße Standorte, wetterfest, frosthart; mittlere bis hohe Widerstandsfähigkeit gegen Pilzkrankheiten	als kleinere oder größere Gruppen im Beet, für niedrige Hecken; auch als Hochstamm (90 cm) erhältlich
	‘Gruß an Aachen’ *Geduldig 1909*	hell	rahmweiß mit gelblich-rosafarbener Mitte; stark gefüllt, schalenförmige Blüte; öfter und reichblühend; starker, süßer Duft	50–60 cm hoch; 30 cm breit; kompakter, breitbuschiger, aufrechter Wuchs	auch für arme Böden; winterharte, robuste Sorte mit Romantik-Flair; widerstandsfähig	einzeln oder in kleineren Gruppen für Beete und Rabatten; auch gut für den Schnitt geeignet

hell | halbschattig | Topfrose

Besonders teamfähig

BEETROSEN

	Name	Standort	Blütenfarbe Blührhythmik	Höhe/Breite Aussehen	Besonderheiten	Verwendung
	**'La Sevillana'** *Meilland (F) 1978 ADR-Rose 1979*	hell, halbschattig, Topfrose	leuchtend scharlach- bis blutrot; halbgefüllt, in Büscheln blühend; dauer- und reichblühend; schwacher Duft	70–90 cm hoch; 50 cm breit; starker, lockerer und wildrosenähnlicher Wuchs	setzt Hagebutten an; für arme Böden und raue Lagen; sehr gesunde Sorte, regenfeste Blüten	als kleinere oder größere Gruppe im Beet, auch als Flächenrose und für Hecken verwendbar
	**'Lavender Dream'** *Illsink/Interplant (NL) 1985 ADR-Rose 1987*	hell	lavendelfarben bis karminrosa; kleine, ungefüllte Blüten in Büscheln; dauer- und überreichblühend; starker Duft	50–80 cm hoch; 50–60 cm breit; mittelstarker, bogig überhängender Wuchs	ungewöhnliche Farbe; regenfeste Blüten; sehr widerstandsfähig gegen Pilzkrankheiten	einzeln, in kleineren und größeren Gruppen im Beet, auch als Flächenrose geeignet; gut in Gesellschaft von niedrigen Stauden
	**'Lion's Rose'** *Kordes 2002 ADR-Rose 2002*	hell, halbschattig	creme- bis pfirsichfarben, im Verblühen aufhellend; stark gefüllte, nostalgische Blüten; öfter und reichblühend	60–80 cm hoch; 50 cm breit; aufrecht, buschiger Wuchs; dicht stehendes Laub	attraktive, märchenhaft anmutende Sorte; sehr robust, sehr regenfeste Blüten	einzeln, als größere oder kleinere Gruppe im Beet, für Hänge; auch als Hochstamm (90 cm) und Halbstamm (60 cm) erhältlich
	**'Loredo'** *Noack 2002 ADR-Rose 2001*	hell, halbschattig	leuchtend gelb, im Verblühen aufhellend; mittelgroße, halbgefüllte Blüten; öfter blühend; leichter Duft	60–70 cm hoch; 40 cm breit; Wuchs aufrecht breitbuschig; lange haftendes Laub	sehr robust und frosthart; Blüte sehr regenfest; Laub so gut wie frei von Pilzkrankheiten	einzeln, als kleinere oder größere Gruppe, auch als Hang- oder Flächenrose geeignet; auch als Halbstamm (60 cm) erhältlich
	**'Maxi Vita'** *Kordes 2000 ADR-Rose 2000*	hell, halbschattig	leuchtend orangerosa, gelborangefarbener Blütenboden; mittelgroß, halbgefüllt; öfter blühend	60 cm hoch; 50 cm breit; breitaufrecht und buschig wachsend; frischgrünes Laub	ansprechende, changierende Blütenfarbe; Blüten sehr regenfest; sehr robust gegen Pilzkrankheiten	einzeln, als kleinere oder größere Gruppe in Beeten und Rabatten, auch als Topfrose geeignet; auch als Hochstamm (90 cm) erhältlich
	**'Nina Weibull'** *Poulsen (NL) 1962*	hell	dunkel blut- bis orangerot; gefüllt, edelrosenähnlich, in großen Dolden, mittelgroß; dauer- und reichblühend bis zum Frost	50–60 cm hoch; 50 cm breit; kompakter, buschiger, verzweigter Wuchs; dichtes Laub	auch für Höhenlagen und arme Böden; sehr wetterfest und winterhart; sehr gesunde Sorte	einzeln, als kleinere oder größere Gruppe im Beet oder als niedrige Hecke; gut mit niedrigen Stauden

hell · halbschattig · Topfrose

Besonders teamfähig

BEETROSEN

	Name	Standort	Blütenfarbe Blührhythmik	Höhe/Breite Aussehen	Besonderheiten	Verwendung
	'Play Rose' *Meilland (F) 1989 ADR-Rose 1989*	hell, Topfrose	leuchtend karminrosa; locker gefüllt, mittelgroße Blüten in Büscheln; öfter und reichblühend	60–80 cm hoch; 50 cm breit; mittelstarker, breitbuschiger, aufrechter Wuchs	setzt Hagebutten an; auch für ungünstige Standorte; sehr widerstandsfähig, regenfest und frosthart	einzeln, in kleineren und größeren Gruppen; auch als Hochstamm (90 cm) erhältlich; gut als Partner hoher Stauden
	'Ricarda' *Noack 1989 ADR-Rose 1989*	hell	lachsrosarot; halbgefüllt, mittelgroße Blüten in großen Büscheln; öfter blühend; schwacher Duft	70–80 cm hoch; 30 cm breit; buschiger, aufrechter, gut verzweigter Wuchs	bildet Hagebutten; bei ungünstiger Witterung anfällig für Echten Mehltau, robust gegen Sternrußtau	einzeln oder in kleineren und größeren Gruppen im Beet
	'Rosenprofessor Sieber' *Kordes 1997 ADR-Rose 1996*	hell, halbschattig, Topfrose	porzellanrosa; anmutig gefüllt, mittelgroße Blüten in Dolden; öfter und reichblühend; leichter Duft	60–80 cm hoch; 50–60 cm breit; starker, aufrechter, breitbuschiger Wuchs	braucht nur wenig Pflege; sehr gesunde und winterharte Sorte; Blüten sehr regenfest	einzeln oder in kleineren und größeren Gruppen für Beete und Rabatten, auch als Topfrose geeignet
	'Schneeflocke' *Noack 1991 ADR-Rose 1991*	hell	schneeweiß; halbgefüllt, mittelgroße Blüten in großen Büscheln; dauer- und überreichblühend; schwacher Duft	40–50 cm hoch; 40 cm breit; starker, kompakt breitbuschiger Wuchs; gut verzweigt	pflegeleicht; charmanter Dauerblüher; winterhart; hohe Resistenz gegen Echten Mehltau und Sternrußtau	einzeln, in Gruppen auf Beeten, auch als Flächenrose geeignet; auch als Hochstamm (90 cm) und Halbstamm (60 cm) erhältlich
	'Schöne Dortmunderin' *Noack 1991 ADR-Rose 1992*	hell	leuchtend rosa; locker gefüllt, mittelgroße Blüten in Büscheln; dauer- und überreich bis in den Herbst blühend	70–80 cm hoch; 50 cm breit; aufrechter, breitbuschiger Wuchs	auch für heiße Standorte; sehr regenfeste Blüten; hohe Resistenz gegen Mehltau und Sternrußtau	einzeln, in kleineren und größeren Gruppen auf Beeten, auch als Flächenrose geeignet; gut mit Stauden zu vergesellschaften
	'Sommerwind' *Kordes 1985 ADR-Rose 1987*	hell, halbschattig, Topfrose	leuchtend reinrosa; halbgefüllt mit gelben Staubgefäßen, mittelgroß, in Büscheln; reich- und dauerblühend bis zum Frost	60 cm hoch; 50 cm breit; breitbuschiger, gut verzweigter Wuchs	auch für heiße Orte und Höhenlagen; winterhart, sehr regenfest; widerstandfähig gegen Krankheiten	einzeln, in Gruppen, auch als Flächenrose geeignet; als Hochstamm (90 cm), Halbstamm (60 cm) und Fußstamm (40 cm) erhältlich

hell · halbschattig · Topfrose

Formvollendete Blüten

EDELROSEN

	Name	Standort	Blütenfarbe Blührhythmik	Höhe/Breite Aussehen	Besonderheiten	Verwendung
	**'Ambiente'** *Noack 2001*	hell, Topfrose	cremeweiß mit gelblicher Mitte; große, stark gefüllte Blüten; öfter und sehr reichblühend; leicht duftend	70 cm hoch; 40 cm breit; kompakter, buschiger, aufrechter Wuchs	sehr robuste und pflegeleichte Sorte, sehr widerstandsfähig; Blüten sehr regenfest	einzeln oder als kleinere und größere Gruppe im Beet; gut für den Schnitt geeignet; auch als Hochstamm (90 cm) erhältlich
	**'Berolina'** *Kordes 1986* *ADR-Rose 1986*	hell	zitronengelb, rötlich überhaucht; große, einzeln stehende Blüten, stark gefüllt; öfter und reichblühend; starker Duft	100 cm hoch; 50 cm breit; starker, aufrechter, breitbuschiger Wuchs; gut verzweigt	in höheren Lagen etwas frostempfindlich; robust; gute Widerstandsfähigkeit gegen Pilzkrankheiten	für größere und kleinere Gruppen auf Beeten und Rabatten; gut für den Schnitt geeignet
	**'Elina'** *Dickson (GB) 1983* *ADR-Rose 1987*	hell	hellgelb, ins Grünliche spielend; sehr große, gut gefüllte Blüten; öfter und überreichblühend; starker, würziger Duft	90 cm hoch; 40 cm breit; sehr starker, breitbuschiger, gut verzweigter Wuchs	überwächst gut, später Blühbeginn, aber bis zum Frost andauernd; winterhart; sehr gesund	für kleinere und größere Gruppen auf Beeten und Rabatten; gute Schnittsorte mit lange haltbaren Blüten
	**'Focus'** *Noack 1997* *ADR-Rose 1987*	hell, halbschattig, Topfrose	lachsorange bis lachsrosa; große, sehr edle, gefüllte Blüten, etliche Blüten in einem Büschel; öfter und reichblühend	70 cm hoch; 60–70 cm breit; starker, aufrechter, kompakt buschiger Wuchs	lang haftendes Laub; sehr robust, regenfest und winterhart; widerstandsfähig gegen Pilzkrankheiten	für kleinere und größere Gruppen auf Beeten und Rabatten; gute Schnittsorte; auch als Halbstamm (60 cm) und Hochstamm (90 cm)
	**'Grande Classe'** *Adam (F) 1996*	hell, Topfrose	kühles, samtiges Erdbeerrot; gut gefüllte, formvollendete, klassische Edelrosenblüten; öfter blühend; sehr starker Duft	80–90 cm hoch; 50 cm breit; starker, buschig aufrechter Wuchs; glänzendes Laub	robust und winterhart; sehr widerstandsfähig gegen Sternrußtau und Echten Mehltau	für kleinere und größere Guppen auf Beeten und Rabatten; gute Sorte für den Vasenschnitt
	**'Inspiration'** *Noack 2003* *ADR-Rose 2005*	hell	von rosa nach lachsrosa und gelb; große, gefüllte, einzeln stehende Blüten; öfter und reichblühend; leichter Duft	70–80 cm hoch; 40–50 cm breit; mittelstarker, aufrechter Wuchs	eine der besten Sorten ihrer Klasse, lange haftendes Laub; sehr robust, gesund und winterhart	für kleinere und größere Gruppen auf Beeten und Rabatten; gute Schnittsorte; auch als Hochstamm (90 cm) erhältlich

hell · halbschattig · Topfrose

Miniatur-Formate

ZWERGROSEN

	Name	Standort	Blütenfarbe Blührhythmik	Höhe/Breite Aussehen	Besonderheiten	Verwendung
	'Celina' *Noack 1999* *ADR-Rose 1999*	hell, halbschattig, Topfrose	hellgelb; große, halbgefüllte Blüten in Büscheln; öfter und reichblühend	60–80 cm hoch; 60–80 cm breit; breitbuschiger bis bogig überhängender Wuchs	pflegeleicht; niedrige Beetrose; widerstandsfähig, robust und sehr regenfest	einzeln, in kleineren und größeren Gruppen, auch als Flächendecker, gute Hangrose; als Hochstamm (90 cm) und Halbstamm (60 cm)
	'Charmant' *Kordes 1999* *ADR-Rose 2004*	hell, Topfrose	reinrosa mit gelbweisser Mitte, cremefarbene Rückseite; klein, gefüllt, in Büscheln; öfter blühend; schwacher Duft	50 cm hoch; 50 cm breit; breit aufrechter, mittelstarker, gut verzweigter Wuchs	robuste, reichblühende Sorte, sehr regenfest; gute Widerstandsfähigkeit gegen Krankheiten	als kleinere oder größere Gruppe in Beeten und Rabatten, auch für Balkonkästen geeignet; auch als Halbstamm (60 cm) erhältlich
	'Knirps' *Kordes 1997* *ADR-Rose 2004*	hell, Topfrose	kräftig karminrosa; stark gefüllte, kleine Blüten in Dolden; öfter und reichblühend	40–60 cm hoch; 60–70 cm breit; flach niederliegender, starker Wuchs	treibt schnell wieder durch; robuste, winterharte Sorte mit mittlerer Anfälligkeit gegen Pilzkrankheiten	in Gruppen, besonders für kleine Gärten, als Flächenrose, wurzelecht auch für Balkonkästen; Hochstamm (90 cm), Halbstamm (60 cm)
	'Pepita' *Kordes 2004* *ADR-Rose 2004*	hell, Topfrose	kräftig pink bis karminrosa; stark gefüllte, lang haltbare, kleine Blüten in Büscheln; öfter und überreichblühend	50 cm hoch; 50 cm breit; kompakter, zierlicher, aufrechter, gut verzweiger Wuchs	sehr gesunde Sorte, treibt gut nach; sehr widerstandsfähig gegenüber Mehltau und Sternrußtau	in Gruppen, aufgrund hoher Blattgesundheit auch für Beete geeignet; ausgezeichnete Sorte für ganz kleine Gärten
	'Sonnenkind' *Kordes 1986*	hell, Topfrose	tief goldgelb; mittelgroße, gut gefüllte, edelrosenähnliche Blüten in Büscheln; öfter und überreichblühend	35 cm hoch; 30 cm breit; gedrungener, breit aufrechter, gut verzweigter Wuchs	sauber verblühend, winterhart; etwas anfällig gegenüber Pilzkrankheiten	einzeln oder in Gruppen in Beeten, auch für den Steingarten geeignet; auch als Halbstamm (60 cm) erhältlich
	'Zwergkönig '78' *Kordes 1978*	hell, Topfrose	leuchtend blutrot; locker gefüllte, mittelgroße, haltbare Blüten; öfter und reichblühend	50 cm hoch; 40 cm breit; kompakter, buschiger, mittelstarker, aufrechter Wuchs	sauber verblühend, wetterfeste Blüten, treibt gut nach, sehr frosthart; mäßig widerstandsfähig	für Gruppen, auch als Einfassungspflanze oder für niedrige Hecke; auch als Halb- (60 cm) oder Fußstamm (40 cm) erhältlich

hell · halbschattig · Topfrose

Schwerarbeiter

FLÄCHENROSEN

	Name	Standort	Blütenfarbe Blührhythmik	Höhe/Breite Aussehen	Besonderheiten	Verwendung
	'Aspirin-Rose' *Tantau 1997* *ADR-Rose 1995*	hell, halbschattig, Topfrose	weiß bis ganz zart rosa; edle Form, gefüllte, mittelgroße Blüten in Büscheln; dauer- und reichblühend; schwacher Duft	60–80 cm hoch; 50 cm breit; halbkugeliger, kompakter, gut verzweigter Wuchs	auch für heiße Plätze; sehr zuverlässige, robuste und frostharte Sorte; Blüten sehr regenfest	einzeln oder in kleineren oder größeren Gruppen in Beeten, auch als Flächenrose geeignet; auch als Hochstamm (90 cm) erhältlich
	'Dortmunder Kaiserhain' *Noack 1994* *ADR-Rose 1994*	hell, halbschattig	hell altrosa; gefüllte, mittelgroße, rosettenförmige Blüten in Büscheln; dauer- und reichblühend	100 cm hoch; 90 cm breit; starker, aufrechter, bogig überhängender Wuchs	deckt Flächen zuverlässig und dicht ab; robust, winterhart und sehr pflegeleicht	in kleineren oder größeren Gruppen in Beeten, besonders als Flächenrose geeignet
	'Palmengarten Frankfurt' *Kordes 1988* *ADR-Rose 1992*	hell, halbschattig, Topfrose	intensiv karminrosa; halbgefüllte, schalenförmige, kleine Blüten in Büscheln; öfter und überreichblühend	70–90 cm hoch; 70–90 cm breit; breitbuschiger, teils aufrechter, teils bogiger Wuchs	für alle Lagen; auch für heiße Plätze; sehr robust und winterhart; widerstandsfähig gegen Krankheiten	einzeln oder in Gruppen, auch als Flächenrose; gut mit Stauden zu vergesellschaften; auch als Hochstamm (90 cm) erhältlich
	'Pink Meidiland' *Meilland 1984* *ADR-Rose 1987*	hell	lachsrosa mit weißer Mitte; ungefüllte, schalenförmige Blüten mit Wildrosencharakter; dauer- und reichblühend	80–100 cm hoch; 80 cm breit; starker, kompakter, breitbuschiger Wuchs, dünne Triebe	bildet Hagebutten, bei Bienen beliebt; auch für heiße Orte; sehr robust, frosthart und regenfest	einzeln oder in Gruppen, wurzelecht als Flächenrose, auch als frei wachsende Hecke; gut mit Gehölzen und Stauden kombinierbar
	'Sommerabend' *Kordes 1995* *ADR-Rose 1996*	hell	leuchtend dunkelrot; ungefüllte, schalenförmige, kleine Blüten in dichten Büscheln; öfter und überreichblühend	30–40 cm hoch; 80 cm breit; starker, breitbuschiger, niederliegender Wuchs	pflegeleicht, winterhart, Blüten sehr regenfest; sehr widerstandsfähig gegen Krankheiten	einzeln oder in Gruppen, als Flächenrose; auch als Kletterrose oder Kaskadenrose auf Hochstamm (140 cm) erhältlich
	'The Fairy' *Bentall (GB) 1932*	hell, halbschattig, Topfrose	zartrosa; kleine, stark gefüllte, rosettenförmige Blüten in großen Büscheln; dauer- und überreichblühend bis zum Frost	60 cm hoch; 60 cm beit; breitbuschiger bis kompakter, feintriebiger, überhängender Wuchs	für heiße Orte; sehr frosthart und regenfest; bei ungünstigem Wetter etwas krankheitsanfällig	einzeln oder in Gruppen im Beet, als Flächendecker; auch als Hochstamm (90 cm), Halbstamm (60 cm), Fußstamm (40 cm) erhältlich

hell · halbschattig · Topfrose

Vielseitig und vielgestaltig

STRAUCHROSEN

	Name	Standort	Blütenfarbe Blührhythmik	Höhe/Breite Aussehen	Besonderheiten	Verwendung
	'Angela' *Kordes 1984* *ADR-Rose 1982*	hell, Topfrose	kräftig karminrosa; halbgefüllte, mittelgroße, schalenförmige Blüten in Büscheln; dauer- und überreichblühend	100 cm hoch; 80 cm breit; aufrechter, mittelstarker, locker verzweigter Wuchs	lange blühend, pflegeleicht; widerstandsfähig, winterhart, sehr regenfest	einzeln oder in Gruppen, auch für frei wachsende Hecken geeignet; gut in Gesellschaft mit Stauden
	'Centenaire de Lourdes' *Delbart-Schabert (F) 1958*	hell, halbschattig, Topfrose	seidig schimmerndes Rosa; große, halbgefüllte Blüten in Büscheln; dauer- und reichblühend; stark duftend	100–180 cm hoch; 80–100 cm breit; mittelstarker, bogig überhängender Wuchs	gute Fernwirkung der Blüten, gute Bienenweide; robust, frosthart, widerstandsfähig und regenfest	als Solitär, einzeln oder in Gruppen im Beet, für frei wachsende Hecken; auch für weniger gute Standorte
	'IGA 83 München' *Meilland (F) 1982* *ADR-Rose 1982*	hell, halbschattig, Topfrose	leuchtend karminrosa; halbgefüllte, große Blüten in Büscheln; öfter und reichblühend	80 cm hoch; 60 cm breit; mittelstarker, breitbuschiger, verzweigter Wuchs	bildet Hagebutten; sehr regenfest und frosthart; sehr widerstandsfähig gegen Krankheiten	einzeln oder in kleineren und größeren Gruppen im Beet, auch für frei wachsende Hecken geeignet
	'Lichtkönigin Lucia' *Kordes 1966* *ADR-Rose 1968*	hell, Topfrose	kräftig zitronengelb, rote Staubfäden; große, gefüllte Blüten; dauer- und reichblühend bis zum Frost; duftend	150 cm hoch; 70–80 cm breit; buschiger, aufrechter, starktriebiger Wuchs	nicht für heiße Orte, aber für arme Böden; sehr regenfeste Blüten, robust, winterhart	als Solitär, einzeln oder in Gruppen für Beete, auch für frei wachsende Hecken; zum Schnitt geeignet; gut mit Stauden zu kombinieren
	'Polka 91' *Meilland (F) 1991*	hell	bernsteingelb mit gewelltem Blütenrand; stark gefüllte, rosettenförmige Blüten; öfter und reichblühend; stark duftend	120–150 cm hoch; 100–120 cm breit; aufrechter, bogig überhängender Wuchs	besondere Blüte; sehr robust, regenfest und winterhart; resistent gegen Mehltau und Sternrußtau	als Solitär, einzeln oder in Gruppen für Beete, als frei wachsende Hecke; gut in Gesellschaft von Stauden
	'Red Yesterday' *Harkness (GB) 1978* *ADR-Rose 1980*	hell, Topfrose	karminrot mit weißer Mitte; ungefüllte Blüten in großen, kugeligen Büscheln; dauer- und reichblühend; leicht duftend	60–80 cm hoch; 60–70 cm breit; aufrechter, breitbuschiger Wuchs	auch für arme Böden, gute Bienenweide; robust und winterhart, sehr regenfest	als Solitär, einzeln oder in Gruppen im Beet, als Flächenrose, frei wachsende Hecke oder Einfassung; altes Holz regelmäßig entfernen

hell | halbschattig | Topfrose

Vielseitig und vielgestaltig

STRAUCHROSEN

	Name	Standort	Blütenfarbe Blührhythmik	Höhe/Breite Aussehen	Besonderheiten	Verwendung
	**'Rokoko'** *Tantau 1987*	hell	apricot bis cremegelb; große, leicht gewellte, gefüllte Blüten in Büscheln mit offener Mitte; öfter und reichblühend	140 cm hoch; 80 cm breit; breitbuschiger, aufrechter, gut verzweigter Wuchs	romantische Blütenform; wetterfest, sehr robust und winterhart	einzeln oder in kleinen Gruppen, als frei wachsende Hecke; auch als Kaskadenhochstamm (90 cm und 140 cm) erhältlich
	**'Rotes Meer'** *Baum 1983* *ADR-Rose 1994*	hell, Topfrose	karminrot bis hellviolett; halbgefüllte, gewellte, große Blüten in Büscheln; öfter und reichblühend; starker Duft	100–120 cm hoch; 100 cm breit; breitbuschiger, bogig überhängender Wuchs	ohne Schnitt Hagebutten; sehr robust und winterhart; widerstandsfähig gegen Krankheiten	in kleinen Gruppen für Beete, auch als Flächenrose geeignet, auch für Böschungen
	**'Rugelda'** *Kordes 1989* *ADR-Rose 1992*	hell	zitronengelb, rötlich gerandet; große, stark gefüllte Blüten in lockeren Dolden; öfter und reichblühend; duftend	150–200 cm hoch; 90–100 cm breit; aufrechter, dicktriebiger, buschiger Wuchs	stark bestachelt, gut als Vogelbrut- und Nährgehölz; robuste, winterharte Sorte	einzeln oder in Gruppen im Beet und als frei wachsende Hecke; im Frühjahr um ein Drittel kürzen
	**'Saremo'** *Noack 1998* *ADR-Rose 1998*	hell	dunkelrosa; gefüllte, mittelgroße Blüten in großen Büscheln; dauer- und reichblühend; leicht duftend	100–120 cm hoch; 120 cm breit; buschiger, kompakter, sehr breiter Wuchs	bildet ohne Schnitt dekorative Hagebutten aus; sehr winterhart; resistent gegen Mehltau und Sternrußtau	für den Einzelstand, auch für kleinere Gruppen im Beet und als Flächenrose geeignet
	**'Vogelpark Walsrode'** *Kordes 1988* *ADR-Rose 1989*	hell, Topfrose	zartrosa; im Verblühen aufhellend; halbgefüllte, große Blüten in Büscheln; öfter und reich blühend; leicht duftend	100–150 cm, hoch; 100–130 cm breit; breitbuschiger, locker verzweigter Wuchs	auch für heiße Standorte, treibt schnell nach; winterhart; sehr widerstandsfähig gegen Sternrußtau	einzeln oder für kleinere Gruppen im Beet; pflegearm
	**'Westerland'** *Kordes 1969* *ADR-Rose 1974*	hell	leuchtend kupferorange; große, gefüllte Blüten mit offene Mitte; dauer und reichblühend bis zum Frost; sehr stark duftend	150–180 cm hoch; 80–120 cm breit; starker, aufrechter, überhängender Wuchs	außergewöhnliche Farbe; auch für heiße Standorte geeignet; widerstandsfähige, winterharte Sorte	als Solitär, in Gruppen für Beete, als frei wachsende Hecke

hell · halbschattig · Topfrose

Dornröschenträume

KLETTERROSEN

	Name	Standort	Blütenfarbe Blührhythmik	Höhe/Breite Aussehen	Besonderheiten	Verwendung
	'Alchymist' *Kordes 1956*	hell, halbschattig	goldgelb, im Aufblühen rot überhaucht; sehr große, dicht gefüllte Blüten in Büscheln; einmal und reichblühend; duftend	250 cm hoch; 100 cm breit; starker, aufrechter Wuchs; dunkles, glänzendes Laub	stark bestachelt; auch für arme Böden und Frostlagen; robust und sehr frosthart; gut widerstandsfähig gegen Pilzkrankheiten	Rambler; einzeln für Pergolen, Torbögen, Bäume; auch als Kaskadenstamm (140 cm) erhältlich
	'Bobby James' *Sunningdale Nurseries (GB) 1961*	hell, halbschattig	rahmweiß; ungefüllte, schalenförmige Blüten in großen Büscheln; einmal und überreichblühend; sehr starker Duft	4–5 m hoch; 3 m breit; starker, langtriebiger, bogig überhängender Wuchs	Laub mit rötlicher Herbstfärbung; bildet viele, kleine Hagebutten; auch für arme Böden; robust und winterhart	Rambler; einzeln oder in kleinen Gruppen; für große Klettergerüste, Pergolen, Mauern, ideal für Obstbäume
	'Compassion' *Harkness (GB) 1974* *ADR-Rose 1976*	hell	lachsrosa, orange schattiert; sehr große, edle, dicht gefüllte Blüten in Büscheln; öfter und reichblühend; stark duftend	2–3 m hoch; 1–2 m breit; mäßig starker, straff aufrechter, dichter Wuchs	sehr robust, wetterfest und winterhart; in ungünstigen Lagen Winterschutz erforderlich	Climber; einzeln oder in Gruppen für Pergolen, Mauern, Zäune, Rosenbögen und Obelisken; gut für den Schnitt geeignet
	'Dortmund' *Kordes 1955* *ADR-Rose 1954*	hell, halbschattig	leuchtend blutrot mit weißer Mitte; ungefüllte, große Blüten in großen Büscheln; öfter und reichblühend; schwach duftend	3–4 m hoch; 1–1,5 m breit; starker, bogig überhängender Wuchs	für arme Böden, Frostlagen, heiße Standorte; sehr robust, regenfest und frosthart; widerstandsfähig gegen Pilzkrankheiten	Climber; einzeln oder in kleinen Gruppen für Pergolen, Mauern und Säulen
	'Flammentanz' *Kordes 1955* *ADR-Rose 1952*	hell, halbschattig	leuchtend blut- bis dunkelrot; mittlere bis große, gefüllte Blüten in Büscheln; einmal und überreichblühend	3–5 m hoch; 1,5–3 m breit; sehr starker, aufrechter, ausladender Wuchs	auch für Höhenlagen, freier Stand empfohlen; sehr robust und winterhart; sehr widerstandsfähig gegen Pilzkrankheiten	Rambler; einzeln oder in Gruppen für Mauern; auch als Kaskadenrose (140 cm) erhältlich
	'Kir Royal' *Meilland (F) 1995* *ADR-Rose 2002*	hell, halbschattig	altrosa mit roten Sprenkeln; dicht gefüllte, schalenförmige Blüten; einmal, reich- und nachblühend; schwach duftend	2–3 m hoch; 1,5–2 m breit; aufrechter, breiter, überhängender Wuchs	nostalgische, rüschige Blütenform; sehr winterhart; sehr widerstandsfähig gegen Pilzkrankheiten	Climber; einzeln für Pergolen, Mauern, Klettergerüste, Zäune und Rosenbögen

hell · halbschattig · Topfrose

Dornröschenträume

KLETTERROSEN

	Name	Standort	Blütenfarbe Blührhythmik	Höhe/Breite Aussehen	Besonderheiten	Verwendung
	**'Morning Jewel'** *Cocker (GB) 1968* *ADR-Rose 1975*	hell	karminrosa; halbgefüllte, große Blüten in Büscheln; öfter und reichblühend; stark duftend	2,5–3 m hoch; 150 cm breit; kräftiger, aufrechter, bogig überhängender Wuchs	auch für heiße Standorte; winterhart, wetterfeste Blüten; gut gepflegt widerstandsfähig gegen Krankheiten	Climber; einzeln oder in kleinen Gruppen; für Pergolen, Säulen und Mauern; auch als Kaskadenstamm (140 cm) erhältlich
	**'New Dawn'** *Somerset Rose Nursery (USA) 1930*	hell, halbschattig, Topfrose	hellrosa, verblassend; mittelgroße, gefüllte Blüten in Büscheln; dauer- und überreichblühend bis zum Frost; duftend	2,5–4 m hoch; 2,5–3 m breit; kräftiger, aufrechter, überhängender Wuchs	Laub über den Winter haftend; auch für heiße Standorte; sehr robust, frosthart und regenfest	eher Rambler als Climber; einzeln oder in kleinen Gruppen; für Torbögen, Pergolen und Wände; auch als Kaskadenstamm (140 cm) erhältlich
	**'Rosarium Uetersen'** *Kordes 1977*	hell, Topfrose	kräftig tief- bis silbrigrosa; sehr große, stark gefüllte Blüten in Büscheln; öfter und überreichblühend; duftend	2–3 m hoch; 1 m breit; starker, dichter, aufrechter, überhängender Wuchs	nostalgische, rüschige Blütenform; für alle Lagen; robust und sehr frosthart, sehr regenfeste Blüten	Climber, auch als Strauchrose; einzeln oder in kleinen Gruppen; für Pergolen und Pyramiden; auch als Kaskadenstamm (90/140 cm) erhältlich
	**'Super Excelsa'** *Hetzel 1986* *ADR-Rose 1991*	hell, halbschattig, Topfrose	karminrosa bis violett, weiße Streifen; kleine, stark gefüllte Blüten in großen Büscheln; öfter und überreichblühend	1,5–2,5 m hoch; 1 m breit; mäßig starker, überhängender Wuchs, dünne Triebe	auch für heiße Plätze; sehr robust und winterhart; resistent gegen Sternrußtau und Mehltau	Rambler; einzeln oder in kleinen Gruppen; für Spaliere, Pergolen, Pyramiden und Wände; auch als Kaskadenstamm (140 cm) erhältlich
	**'Sympathie'** *Kordes 1964* *ADR-Rose 1966*	hell	samtig dunkelrot; große, leicht gefüllte Blüten in Büscheln; öfter, früh- und reichblühend; schwach duftend	2–3 m hoch; 1,5 m breit; starker, dicktriebiger, buschig aufrechter Wuchs	alle Lagen, freier Stand empfohlen;bewährte, vitale Sorte; gesund und sehr winterhart	Climber; einzeln oder in kleinen Gruppen; für Pergolen, Torbögen, Mauern, Wände und Rosenbögen; auch als Kaskadenstamm (140 cm)
	**'Veilchenblau'** *Schmidt 1909*	hell, Topfrose	violett bis purpur, weißes Auge; halb gefüllte, kleine Blüten in Büscheln; einmal und überreich blühend; stark duftend	3–4 m hoch; 1 m breit; starker, breitbuschiger Wuchs; fast stachellos	ungewöhnliche Farbe; auf luftigen Standort achten; robust und winterhart; etwas mehltauanfällig	Rambler; einzeln für Klettergerüste, Pergolen, Mauern, Rosen- und Torbögen, auch für Bäume; auch als Kaskadenstamm (140 cm)

hell halbschattig Topfrose

Für Liebhaber und Kenner

ALTE ROSEN

	Name	Standort	Blütenfarbe Blührhythmik	Höhe/Breite Aussehen	Besonderheiten	Verwendung
	'Blush Noisette' *Noisette (USA) 1817*	hell, halbschattig	hell lila-rosa; verblassend; halbgefüllte, große Blüten in Büscheln; reichblühend mit zuverlässiger Nachblüte; leicht duftend	2 m hoch; 120 cm breit; starker, aufrechter, gut verzweigter Wuchs; fast stachellos	auch für arme Böden; in rauen Lagen wird Winterschutz empfohlen; robust, gesund und gut winterhart	Noisetterose; Strauchrose, aufgebunden auch als Kletterrose, einzeln oder in kleinen Gruppen
	'Buff Beauty' *Bentall (GB) 1939*	hell, halbschattig, Topfrose	bernsteingelb, verblassend; mittelgroße, stark gefüllte Blüten in großen Büscheln; nach- und reichblühend; stark duftend	150 cm hoch; 150 cm breit; starker, aufrechter, lockerer, breitbuschiger Wuchs	Winterschutz empfohlen, auch für arme Böden; robust und winterhart; widerstandsfähig gegen Krankheiten	Moschatarose; Strauchrose; einzeln oder in kleinen Gruppen, als Hecke; gut zum Schnitt geeignet; auch als Stammrose (90 cm) erhältlich
	'Fantin Latour'' *Herkunft unbekannt, um 1850*	hell, halbschattig	zartrosa, dunklere Mitte; dicht gefüllte, becherförmige, mittelgroße Blüten; einmal und überreichblühend; stark duftend	1,2–2 m hoch; 90 cm breit; aufrechter bis überhängender Wuchs; fast stachellos	auch für arme Böden; robust und sehr frosthart, regenfest; widerstandsfähig gegen Krankheiten	Zentifolie; Strauchrose, auch als Kletterrose verwendbar; als Solitär, vor Mauern; gut zum Schnitt geeignet
	'Gloire de Dijon' *Jacotot (F) 1853*	hell, halbschattig	zartrosa, bernsteingelb, orange bis weiß; dicht gefüllte, große Blüten, meist einzeln; stark duftend; öfter und reichblühend	3–4 m hoch; 1 m breit; starker, aufrechter, überhängender Wuchs	geschützte Lage und Winterschutz sind zu empfehlen; etwas anfällig für Sternrußtau	Teerose; Kletterrose; für Spaliere, Klettergerüste, Pergolen und Mauern; zum Schnitt geeignet; auch als Stammrose (140 cm) erhältlich
	'Jacques Cartier' *Moreau-Robert (F) 1868*	hell, Topfrose	leuchtend rosa, zum Rand aufhellend; mittelgroße, dicht gefüllte Blüten; reich- und nachblühend; stark duftend	150 cm hoch; 120 cm breit; starker, kompakt aufrechter, überhängender Wuchs	auch für arme Böden; robust, winterhart und verhältnismäßig regenfest; widerstandsfähig gegen Krankheiten	Portlandrose; Beet- oder Strauchrose; als Solitär oder in kleinen Gruppen; gut zum Schnitt geeignet; auch als Stammrose (90 cm) erhältlich
	'Königin von Dänemark' *Booth (D/DK) 1816*	hell	tief porzellanrosa mit dunkler Mitte; meist einzeln stehend; einmal und reichblühend; stark duftend	1–1,5 m hoch; 90 cm breit; starker, bogig überhängender, lockerer Wuchs	blüht nur am vorjährigen Holz; sehr frosthart und widerstandsfähig; nicht ganz regenfest	Alba-Rose; Strauchrose; am eindrucksvollsten als Solitär, als solcher auch für Rabatten, auch für Hecken geeignet

hell · halbschattig · Topfrose

Für Liebhaber und Kenner

ALTE ROSEN

	Name	Standort	Blütenfarbe Blührhythmik	Höhe/Breite Aussehen	Besonderheiten	Verwendung
	'Louise Odier' *Margottin (F) 1851*	hell, halbschattig, Topfrose	hell rosalila; dicht gefüllte, große, becherförmige Blüten in Büscheln; überreich- und nachblühend; sehr stark duftend	150–180 cm hoch; 1 m breit; starker, breitbuschig aufrechter, bogiger Wuchs	auf einen guten Standort achten; verhältnismäßig gesund und winterhart	Bourbonrose; Strauchrose; als Solitär, aber auch für kleine Gruppen und Hecken; haltbare Schnittrose; auch als Stammrose (90 cm)
	'Madame Hardy' *Hardy (F) 1856*	hell, halbschattig	reinweiß mit grünem Auge; große, dicht gefüllte, tellerförmige Blüten in Büscheln; einmal und reichblühend; stark duftend	1,5–2 m hoch; 80 cm breit; starker, aufrechter, breitbuschiger Wuchs; stark bestachelt	guter Standort empfohlen, auch für arme Böden; gut winterhart; relativ gesund, etwas mehltauanfällig	Damaszenerrose; Strauchrose; am eindrucksvollsten als Solitär, aber auch für Rabatten geeignet; gute Schnittrose
	'Madame Isaak Pereire' *Garçon (F) 1881*	hell, halbschattig	magentarosa; große, dicht gefüllte, schalenförmige Blüten in Büscheln; dauer- und reichblühend; stark duftend	2–3 m hoch; 80 cm breit; sehr starker, langtriebiger, aufrechter Wuchs; stark bestachelt	ein guter Standort nötig, in rauen Lagen Winterschutz notwendig; verhältnismäßig gesund und winterhart	Bourbonrose; Strauchrose, aufgebunden auch als Climber; vor allem als Solitär, kleine Gruppen, Mauern, Zäune, Pfeiler; Schnittrose
	'Maiden's Blush' *Herkunft unbekannt, 15. Jh. oder früher*	hell, halbschattig	zartrosa, nach außen weiß; mittelgroße, dicht gefüllte, flache Blüten in Büscheln; einmal und reichblühend; stark duftend	1–1,5 m hoch; 80 cm breit; starker, aufrecht breitbuschiger, bogiger Wuchs	auch für Frostlagen und arme Böden, nicht für heiße Standorte; robust und sehr frosthart, problemlos	Alba-Rose; Strauchrose; einzeln oder in kleinen Gruppen, Bauerngartenrose
	'Rose de Resht' *Persien, eingeführt 1950*	hell, halbschattig, Topfrose	hell purpurrot; mittelgroße, dicht gefüllte Blüten in Büscheln; reich- und dauerblühend bis zum Frost; stark duftend	100–120 cm hoch; 80 cm breit; aufrechter, buschiger, gedrungener Wuchs	rosettenförmige Blüten; ältere Pflanzen regelmäßig auslichten; robust und sehr frosthart; gesundes Laub	Damaszenerrose; Beet-, Strauchrose; einzeln oder in kleinen Gruppen, gut für frei wachsende Hecken; auch als Stammrose (60 cm)
	'Souvenir de la Malmaison' *Béluze (F) 1843*	hell, Topfrose	cremefarben, zartrosa überhaucht, verblassend; dicht gefüllte, meist einzelne Blüten; reich- und dauerblühend; stark duftend	80–100 cm hoch; 50 cm breit; schwacher, buschiger, niedriger, dünntriebiger Wuchs	unkomplizierte Einsteigersorte; robust und winterhart, Blüten etwas regenempfindlich	Bourbonrose; Strauchrose; einzeln oder in kleinen Gruppen, auch für kleinere Gärten geeignet

hell · halbschattig · Topfrose

Romantisch und widerstandfähig

NOSTALGIE- UND ENGLISCHE ROSEN

	Name	Standort	Blütenfarbe Blührhythmik	Höhe/Breite Aussehen	Besonderheiten	Verwendung
	'Augusta Luise' *Tantau 1999*	hell	champagner-rosé bis pfirsichfarben; riesige, dicht gefüllte, flach schalenförmige Blüten; öfter blühend; stark duftend	80–110 cm hoch; 30–40 cm breit; starker, straff aufrechter, kompakter Wuchs	rosettenartige Blüten mit changierendem Farbverlauf; robust und frosthart, Blüten regenfest	Edelrose; einzeln oder in Gruppen für Beete; gute Schnittrose; auch als Halbstamm (60 cm) und Hochstamm (90 cm) erhältlich
	'Eglantyne' *Austin (GB) 1994*	hell	zartrosa mit apricotfarbener Mitte; große, sehr dicht gefüllte Blüten, meist einzeln; öfter und reichblühend; stark duftend	80–180 cm hoch; 70 cm breit; aufrecht breitbuschiger, gut verzweigter Wuchs	rosettenförmige Blüten; robust und winterhart; Laub nur wenig anfällig für Krankheiten	Englische Rose; Strauchrose; einzeln oder in kleinen Gruppen für Beete und Rabatten
	'Felidaé' *Schultheis 2001*	hell	cremeweiß mit gelbapricotfarbener Mitte; große, dicht gefüllte, becherförmige Blüten; öfter und reichblühend; stark duftend	1–1,5 m hoch; 1 m breit; aufrechter, buschiger Wuchs; fast stachellos	gute Fernwirkung; nostalgische Blüten; mittelgroße Hagebutten; robust und winterhart; gesundes Laub	Strauchrose; einzeln oder in kleinen Gruppen; lässt sich gut mit Stauden kombinieren
	'Gebrüder Grimm' *Kordes 2002* *ADR-Rose 2002*	hell	leuchtend orange, -gelb, später rosa; große, sehr dicht gefüllte Blüten, meist in Büscheln; öfter blühend; leicht duftend	70–100 cm hoch; 50 cm breit; starker, kompakter, buschig aufrechter Wuchs	gute Fernwirkung; Blüten mit ungewöhnlichem Farbverlauf; winterhart; widerstandsfähig gegen Krankheiten	Beetrose; einzeln oder in kleinen Gruppen für Beete; auch als Stammrose (90 cm)
	'Graham Thomas' *Austin (GB) 1983*	hell; Topfrose	tiefgelb; große, sehr dicht gefüllte, becherförmige Blüten in Büscheln; dauer- und reichblühend; sehr stark duftend	120–150 cm hoch; 90 cm breit; starker, buschig aufrechter, bogiger Wuchs	auch für heiße Standorte; robust und winterhart, regenfeste Blüten; widerstandsfähig gegen Krankheiten	Englische Rose; Strauchrose; einzeln oder in Gruppen für Beete und Rabatten oder als Hecke; auch als Stammrose (90 cm) erhältlich
	'Nostalgie' *Tantau 1996*	hell; Topfrose	kirschrot mit weißer Mitte; mittelgroße, dicht gefüllte Blüten, meist einzeln; öfter und reichblühend; leicht duftend	100–120 cm hoch; 50 cm breit; aufrechter, gut verzweigter, buschiger Wuchs	auffällige Blüten, schnell nachtreibend; sehr robust und winterhart, regenfeste Blüten; meist gesund	Edelrose; einzeln oder in kleineren oder größeren Gruppen für Beete und Rabatten; gute Schnittrose; auch als Stammrose (90 cm)

hell · halbschattig · Topfrose

Naturnah, aber platzbedürftig

WILDROSEN

	Name	Standort	Blütenfarbe Blührhythmik	Höhe/Breite Aussehen	Besonderheiten	Verwendung
	Apothekerrose *Rosa gallica* 'Officinalis' *Herkunft unbekannt, vor dem 14. Jh.*	hell, halbschattig	karmesinrot; halbgefüllte, schalenförmige Blüten, meist einzeln stehend; einmal und reichblühend; duftend	100–150 cm hoch; 80 cm breit; starker, breitbuschiger, überhängender Wuchs	sehr alte Heil- und Kosmetikrose; große, glatte, orange bis rote Hagebutten; robust und winterhart	Strauchrose; einzeln oder in kleinen Gruppen, für frei wachsende Hecken; Hagebutten für die Verwertung in der Küche; Blütenblätter für Potpourris
	Mandarinrose *Rosa moyesii* *aus China, eingeführt um 1894 von Hemsley & Wilson*	hell, halbschattig	leuchtend purpurrot, gelbe Staubgefäße; ungefüllte, kleine, meist einzeln stehende Blüten; einmal und reichblühend	2–3 m hoch; 1,5–2 m breit; starker, aufrechter, lockerer Wuchs; wenig bestachelt	lange, flaschenförmige, borstige, orangerote Hagebutten; auch für raue Lagen; robust und winterhart	Strauchrose mit großem Platzbedarf; einzeln oder in kleinen Gruppen; Hagebutten für Verwertung in der Küche
	Glanzblättrige Rose *Rosa nitida* *aus Ost-Nordamerika, in Kultur seit 1807*	hell, halbschattig	leuchtend rosa mit gelber Mitte; ungefüllte, kleine Blüten in Büscheln; einmal und reichblühend; schwach duftend	50–80 cm hoch; 40–50 cm breit; starker, aufrechter, dichter, buschiger Wuchs	rötliche Stacheln; borstige, kugelige, scharlachrote Hagebutten; Herbstfärbung; robust, winterhart	Strauchrose; einzeln oder in kleineren Gruppen, für frei wachsende Hecken (Ausläufer treibend)
	Weinrose *Rosa rubiginosa* *Europa, Einführungsjahr unbekannt*	hell	hellrosa bis rosarot; kleine, ungefüllte Blüten in kleinen Büscheln; einmal und reichblühend; schwach duftend	2–2,5 m hoch; 1,5–2 m breit; starker, aufrechter, überhängender Wuchs; stark bestachelt	auch für arme Böden; kleine, scharlachrote Hagebutten; Laub duftet nach Apfel; robust und winterhart	Strauchrose mit viel Platzbedarf; einzeln oder in kleinen Gruppen, als frei wachsende Hecke; gutes Vogelnährgehölz
	Kartoffelrose *Rosa rugosa* *aus Japan/Ostasien, eingeführt 1796*	hell, halbschattig	hellrosa bis rosarot; ungefüllte, schalenförmige Blüten, meist einzeln; einmal und reichblühend; schwach duftend	1,5–2 m hoch; 1–2 m breit; starker, aufrechter, gut verzweigter Wuchs; dicht bestachelt	große, rote, flachkugelige Hagebutten; sehr robust und winterhart, windverträglich	Strauchrose; als Solitär, in kleinen Gruppen oder als frei wachsende Hecke (Ausläufer treibend), für Hänge und Böschungen
	Vater Hugos Rose *Rosa xanthina hugonis* *aus China; eingeführt 1899 von Hemsley*	hell	hellgelb; kleine, ungefüllte, schalenförmige Blüten, einzeln entlang der Triebe; einmal und reichblühend; leicht duftend	1,5–2,5 m hoch; 2,5–3 m breit; mittelstarker, überhängender Wuchs; dicht bestachelt	braun- bis schwarzrote, flachkugelige Hagebutten; auch für trockene Böden; robust und winterhart	Strauchrose; als Solitär oder in kleineren Gruppen, gut als frei wachsende Hecke

hell   halbschattig   Topfrose

Januar

- Sollten strengere Fröste drohen, überprüfen Sie den Winterschutz und verstärken Sie ihn gegebenenfalls.
- Schneelasten können, vor allem wenn die weiße Pracht bei Tauwetter schwerer wird, Zweige abbrechen. Besonders gefährdet sind Strauch- und Hochstammrosen. Schütteln Sie den Schnee daher rechtzeitig von den Pflanzen ab.
- Die neuen Kataloge der Rosenzüchter sind gedruckt. An langen Winterabenden ist Zeit, darin zu blättern und neue Rosen auszusuchen.

Februar

- Achten Sie weiterhin auf ausreichenden Winterschutz und schütteln Sie bei Bedarf die Schneelasten rechtzeitig von den Rosen ab.
- Überprüfen Sie, ob die Erde der Topfrosen ausreichend feucht ist. Falls nötig, vorsichtig ein wenig gießen.

- Jetzt können Sie in milden Lagen schon den Boden für Neupflanzungen von Rosen vorbereiten.

März

- Sobald die stärksten Fröste vorüber sind, kann der Winterschutz von den Rosen entfernt werden. Räumen Sie ihn noch nicht weg, damit er bei eventuellen Spätfrösten schnell zur Hand ist.
- Bei frostfreiem Boden können jetzt wurzelnackte Rosen gepflanzt werden.
- Wenn Sie spezielle Rosenlangzeitdünger verwenden, ist etwa Mitte des Monats der richtige Zeitpunkt dafür.
- Gegen Ende des Monats können die Rosen abgehäufelt werden.
- Auch umgelegte Stammrosen kann man wieder aufrichten.

Rosenpflege rund ums Jahr

Juli

- Böden ohne Mulchschicht weiterhin regelmäßig pflegen.
- Öfter blühende Rosen regelmäßig ausputzen.
- Auf Schädlinge, Krankheiten und Wildtriebe kontrollieren.
- Bei Bedarf gießen.
- Einmal blühende Strauchrosen brauchen jetzt ihren Sommerschnitt.
- Die Jungtriebe von Kletterrosen aufbinden.
- Ab Mitte des Monats keinen Stickstoff mehr düngen.
- Jetzt haben nur noch Containerrosen Pflanzzeit.

August

- Lockern Sie nicht gemulchte Böden regelmäßig auf und halten Sie sie von Unkraut frei.
- Bei lange andauernden Trockenperioden gießen.
- Öfter blühende Rosen weiterhin regelmäßig ausputzen.
- Auf Schädlinge, Krankheiten und Wildtriebe kontrollieren und, falls erforderlich, Gegenmaßnahmen ergreifen.
- Führen Sie jetzt den Sommerschnitt von einmal blühenden Kletterrosen durch.
- Auch in diesem Monat können Sie Containerrosen pflanzen.

September

- Von nun an brauchen Sie nicht gemulchte Böden nicht mehr aufzulockern.
- Geben Sie den Rosen ab Mitte des Monats einen Kalidünger, um die Holzreife und somit die Frosthärte zu fördern.
- Gießen Sie bei Trockenheit weiterhin ausreichend.
- Achten Sie nun verstärkt auf Pilzkrankheiten.
- Wenn Neu- oder Umpflanzungen geplant sind, sollte jetzt der Boden an den Pflanzstellen vorbereitet werden.
- Pflanzzeit für Containerrosen.

April

- Bevor die Rosen austreiben, den Winterschnitt durchführen.
- Wer die Rosen mit Pflanzenstärkungsmitteln widerstandsfähiger machen möchte, sollte jetzt die erste Spritzung durchführen. Alle 10–12 Tage wiederholen.
- Beginnen Sie mit der Bodenpflege: Boden um die Pflanzstelle mit der Grabegabel lockern und Unkraut entfernen.
- Nach der Bodenpflege ist auch die richtige Zeit, unter den Rosen zu mulchen.
- Die Pflanzzeit für wurzelnackt verkaufte Rosen geht in diesem Monat zu Ende.

Mai

- Falls Sie keine Mulchdecke ausgebracht haben, wird der Boden weiter gepflegt.
- Bei anhaltender Trockenheit sollten Sie die Rosen gießen.
- Wer seine Rosen mit Pflanzenstärkungsmitteln widerstandsfähiger machen möchte, führt die regelmäßige Spritzung fort.
- Auf Wildtriebe achten und diese gegebenenfalls entfernen.
- Kontrollieren Sie die Rosen regelmäßig auf den Befall mit Schädlingen oder Krankheiten.
- Die Pflanzzeit für folienverpackte, wurzelballierte und Containerrosen geht weiter.

Juni

- Den Boden weiterhin regelmäßig lockern und Unkraut entfernen, wenn keine Mulchschicht ausgebracht wurde.
- Schneiden Sie bei öfter blühenden Rosen Verblühtes regelmäßig ab, damit sie die Kraft in neue Knospen stecken können.
- Dabei auch auf Wildtriebe sowie auf den Befall mit Schädlingen und Krankheiten kontrollieren.
- Bei anhaltender Trockenheit die Rosen durchdringend gießen.
- Wurzelballierte und Containerrosen haben weiter Pflanzzeit.
- Genießen Sie die schönste Zeit der Rosenblüte!

Bei der Rosenpflege kommt es oft darauf an, dass Sie zum richtigen Zeitpunkt auch das Richtige tun. Überhaupt kein Problem: Mit diesem Arbeitskalender behalten Sie immer die Übersicht.

Oktober

- Mitte des Monats beginnt die Hauptpflanzzeit für Rosen.
- Achten Sie jetzt verstärkt auf Hygiene: Abfallendes Rosenlaub und Schnittmaterial restlos aufsammeln und über die Mülltonne entsorgen, damit Schädlinge und Krankheitserreger darin nicht überwintern und die Rosen im kommenden Jahr neu anstecken können.
- Wer mag, kann reife Hagebutten ernten und verwerten.
- Bei Topfrosen kann man die letzten Blüten mit einem Vlies vor den ersten Frösten retten.

November

- Die beste Pflanzzeit für Rosen geht in diesem Monat weiter.
- Halten Sie die Materialien für den Winterschutz griffbereit.
- Stellen Sie Ihre Topfrosen an einen geschützten Platz und bringen Sie den entsprechenden Winterschutz an.
- Ab Monatsende können Sie Ihre Rosen im Garten anhäufeln.

Dezember

- Falls erforderlich, Winterschutz bei Strauch- und Kletterrosen anbringen oder verstärken. Beetrosen mit Fichtenreisig abdecken.
- Bei frostfreiem Boden können Sie immer noch Rosen im Garten pflanzen.
- Bei Topfrosen gelegentlich überprüfen, ob die Erde noch leicht feucht ist.
- Wer mit Kompost oder Hornspänen düngen möchte, sollte diese jetzt ausbringen und um die Pflanzstelle in den Boden einarbeiten.

Register

Halbfette Seitenzahlen verweisen auf Abbildungen.

A

B

C

D

E

F

Adressen

Rosenbaumschulen

W. Kordes' Söhne
Rosenstraße 54
25365 Klein Offenseth-Sparrieshoop
www.kordes-rosen.com

Noack Rosen
Im Waterkamp 12
33334 Gütersloh
www.noack-rosen.de

Rosarot Pflanzenversand
Gerd Hartung
Besenbek 4 b
25335 Raa-Besenbek
www.rosarot-pflanzenversand.de

Rosen Jensen-Lützow
Am Schlosspark 2 b
24960 Glücksburg
www.rosen-jensen.de

Rosenhof Schultheis
Bad Nauheimer Straße 3–7
61231 Bad Nauheim-Steinfurth
www.rosenhof-schultheis.de

RosenWelt Tantau
Tornescher Weg 13
25436 Uetersen
www.rosen-tantau.com

Wurzelunterlagen

Helmut Schröder Baumschulen
Burstah 13
25474 Ellerbek
Tel. 04101/37 800
www.hsbaum.de

Okulationszubehör

F. Schacht GmbH & Co. KG
Bültenweg 48
38106 Braunschweig
Tel. 0531/23803-0
Beratungshotline:
Tel. 0531/238030
www.schacht.de

Accessoires

Garden of Roses
Nordstraße 10
32139 Spenge
www.garden-of-roses.de

Bodenuntersuchung

VDLUFA
c/o LUFA Speyer
Obere Langgasse 40
67346 Speyer
www.vdlufa.de

Literatur

Weiterführende Bücher

Hensel, Wolfgang; Jany, Christof; Kluth, Silke; Mayer, Joachim und Späth, Martin: **Das große GU PraxisHandbuch Garten.** Gräfe und Unzer Verlag, München

Bauer, Ute; Grothe, Bärbel: **Quickfinder Rosen.** Gräfe und Unzer Verlag, München

Bauer, Ute: **300 Fragen zu Rosen.** Gräfe und Unzer Verlag, München

Rau, Heide: **Duftrosen.** Gräfe und Unzer Verlag, München

Rau, Heide: **Rosen. Der große GU Pflanzenratgeber.** Gräfe und Unzer Verlag, München

Schindler, Ingrid R.: **Rosen. Für die Küche – für die Schönheit – für die Hausapotheke.** Walter Hädecke Verlag, Weil der Stadt

Woessner, Dietrich: **Das Schneiden der Rosen.** Ulmer Verlag, Stuttgart

Gartenlust pur

GU PFLANZENPRAXIS – Gärtnern wie ein Profi

ISBN 978-3-8338-0189-1
128 Seiten

ISBN 978-3-7742-6765-7
128 Seiten

ISBN 978-3-7742-6764-0
128 Seiten

ISBN 978-3-8338-0408-3
128 Seiten

ISBN 978-3-8338-1126-5
128 Seiten

ISBN 978-3-7742-7280-4
128 Seiten

Das macht sie so besonders:

Das Plus an Praxis – alle Arbeiten step by step

Frage & Antwort – guter Rat vom Gartenexperten

Auf einen Blick – Material, Werkzeug und Zubehör

G|U

Willkommen im Leben.